P&Gでの失敗でたどり着いた本質

ブランディングの誤解

西口一希

日経BP

はじめに

皆さんは「ブランディング」という言葉を聞いて、何を思い浮かべますか？

銀座や青山に店を構える高級ラグジュアリー商品、大手企業が多額の投資をして広告賞を取るようなテレビＣＭ、有名デザイナーが手掛けるセンスのいいロゴやデザイン、オリンピックやＦＩＦＡワールドカップのような大型イベントのスポンサー活動を挙げる人もいるかもしれません。

「ブランディング」という言葉や響きには、誰にとっても魅力や憧れがあり、大手企業でなくともビジネスに関わる方なら、いつかはブランディングに投資したいと考えることでしょう。いや、既に投資されている方も多いのではないかと思います。

しかし、ブランディングは、普段のビジネスで行う商品開発、営業活動、顧客獲得や顧客維持へのマーケティング投資に対して、比較的大きな追加投資となります。

では、ブランディングに追加投資をする目的は何でしょうか。ビジネスとしての投資であれば、なんらかのリターンを目指す必要があります。

その目的は、認知度を上げることでしょうか？　好感度を上げることでしょうか？　情緒的なつながりをつくることでしょうか？　その対象は、既存の顧客？　新規獲得をしたい潜在顧客？　あるいは、取引先や株主やメディア？　社員や将来に採用したい学生？

認知度、好感度、情緒感が高まれば、事業にとってどんないいことがあるのでしょうか？　顧客は増えますか？　顧客が長く継続的に購入してくれるようになりますか？　取引先から寄せられる信頼度が上がりますか？　社員の働くモチベーションが上がりますか？

それらの結果、売り上げや利益は増えるのでしょうか？　それは、どれくらい続くのでしょうか？

ビジネスとしての投資である限り、これらを考えて目的設定をすることは必須です。目的が明確でなければ、ブランディングへの投資は、高い確率で無駄になります。ブランド広告による広告賞の受賞などで社内外に興奮を生み出しても、それは一時的なものとなりがちです。

ブランディング実施後に、ビジネスに何をもたらしたのか。多くの場合、売り上げに多少の変化があっても、長続きすることはありません。

ところが、そもそも目的が曖昧であれば、投資結果を評価することもかなわず、ブランディングの成否を判断できません。なんとなく、社内でも、一時的な興奮の後、時間とともに過去の記憶となります。

結論から言えば、ブランディングという言葉は、定義自体が曖昧であり、曖昧であるがゆえに、根拠のない拡大解釈や過剰期待が生まれ、無駄な投資を助長する多くの「誤解」につながっています。

筆者が創業したWisdom Evolution Company（ウィズダム・エヴォリューション・カ

ンパニー）で、「ブランディング」に関する文献や記事を日本語と英語で調査しました。すると、158に及ぶ「ブランディング」や「ブランド」という言葉の付いた概念が、確認できました（2024年10月時点）。

それら全てを一つひとつ筆者自身で確認しましたが、そもそもブランディングと呼ぶ必要のない概念や、マーケティングの支援会社がクライアントに追加投資を促すためにつくった営業的概念でしかないもの、同じ概念でも数多くの誤解が含まれていることが分かりました。

確実に言えるのは、これらの158の概念の学習から始めると、ブランディングはますます「きらびやかな未来をつくるふわっとした何か」という誤解が広がります。そのままビジネスに活用すると、確実に無駄な投資や活動につながります。

筆者もプロクター・アンド・ギャンブル（P&G）に所属していた20代のころに、「ブランディングの誤解」による失敗を経験しました。

徐々に売り上げが下がるヘアケアブランドの「ヴィダルサスーン」の立て直しを期待され、ブランドマネジャーとして担当した初期のころの話です。このブランドが顧客にとってどんな価値を生み出しているか、なぜ、売り上げが下がっているかの理解が曖昧なままに、ヴィダルサスーンは、「プロのスタイリスト」ブランドであり、美しいショーモデルのヘアスタイルこそがブランドだと考えました。

それを情緒的に「ブランディング」するために、複数の海外モデルが海岸で遊びながら美しいヘアスタイルを誇示する、今見ても、かっこいいと自負できるブランド広告を制作し、メディア投資を行いました。

この広告は専門誌でも評価され、賞をいただきましたが、売り上げは全く上がりませんでした。対象顧客の一部で、ヴィダルサスーンへの好感度は上がったものの、購入意向は上がらず、当然、売り上げにはつながりませんでした。

顧客からすると、この広告はエンターテインメントの作品としては好まれるものの、単にそれだけでは、商品を買う理由にならなかったからです。

焦りながらも、次の一手を考えるべく顧客理解を深めると、顧客の購入意向は、実は、機能的な便益に大きく左右されることが分かりました。「プロのスタイリスト」「ショーモデルのヘアスタイル」の映像には憧れますが、商品として自分の髪に何をしてくれるのかという機能便益を感じないと購入意向は高まらないのです。

そこで、商品の独自機能を伝えるべく、「夜にヴィダルサスーンを使えば、朝起きたときに寝癖がついておらず、起きた瞬間に髪が美しくまとまっている」ことを少々コミカルな内容で伝えるテレビCMを制作し、投入したところ、大きく売り上げが増加。その後も継続して事業は伸長しました。

広告としては、前者のほうが今でもかっこいいと思いますが、それは、ビジネスの結果にはつながらない「誤解したブランディング」だったのです。

筆者は、このヴィダルサスーンの経験を含めて35年のキャリアで、100を超えるブランドや事業に直接関わり、数多くの失敗と少数の成功を経験させていただきました。その違いを、一つひとつ比べることで、様々な間違い、そもそも、避けるべき誤解や罠が見えてきました。

また、直近の8年では、投資業務やコンサルティング業務をへて380を超える企業や事業の相談に乗らせていただきましたが、特に「ブランディング」は、誤解が多く、多くの企業や事業で、無駄な投資や活動を生み出しています。

P&Gのような大きな会社での失敗は、その後にチャンスをいただいて挽回することができましたが、中小規模の事業会社にとっては、一つの失敗が深刻な経営問題となりかねません。

冒頭での質問「『ブランディング』という言葉を聞いて、何を思い浮かべますか?」で、思い浮かんだ内容は、一旦忘れてください。それらは、投資対効果を求めない大企業のブランディング的な活動がほとんどです。

では、「ブランディング」は不要なのか？

そうではありません。ブランディングの誤解と罠を避け、明確なビジネス目的を設定して進めれば、中小企業でも、大きなビジネス効果を期待できるのです。

それを実現するには、先述の158のブランディングに関する概念を順番に学ぶことではなく、実務にとって、有効なブランディングとは何かを学ぶことが出発点です。

本書では、既存のブランディング論やブランド論に関する解説は最小にし、数々の有名な巨大ブランドがつくり出す誤解や罠の解説を含めて、具体的な事例を用いて、ブランディングの効果を最大化するための考え方を紹介。どのように目的を設定すべきか、中小企業が目指すべきニッチブランドとは何かなど、誰もが実務で活用できる「ブランディング」を解説します。

本書が大企業に限らず、中小企業も正しくブランディングを活用し、ビジネスの成長につながる一助となれば幸いです。

西口 一希

ブランディングの誤解 目次

目次

目次

目次

第1章

「ブランディング」の誤解

～原因と結果の履き違えはなぜ起きたのか～

革新的な印象を与える広告をつくったり、商品を現代風のデザインに刷新したりする、いわゆる「ブランディング」に取り組めば業績が上がるという誤解が広がっています。

ブランディングは定義が曖昧であり、「マーケティング」と同様に、意味や目的が曖昧であり、様々な過剰期待を生んでいます。結果、非常に多くの無駄なお金と人材が使われています。

ブランディングをすれば、どうやら商品・サービスが売れるらしいという期待から派生して、「ブランドマーケティング」という言葉が出てきました。そこから、さらに様々な誤解が生じています。

そもそも「ブランド」という言葉の定義がぼやけているため、ブランディングに対して過剰期待が生まれます。ブランディングに取り組むこと自体を目的に設定すると、多くの場合はうまくいきません。

1 「ブランディング」の誤解
〜原因と結果の履き違えはなぜ起きたのか〜

「かっこいいデザイン」「雰囲気のよさ」「情緒的である」「流行の最先端」であることをブランドと言う人は多いのですが、それで物が売れるカテゴリーは実は少ないのです。

「ブランディング」への過剰期待と誤解を生む原因の1つとなっているのが「ラグジュアリーブランド」に代表される、ファッションや価値感、生活スタイルを表現するカテゴリーです。特定の情緒的な価値観や哲学、思想、歴史を表現したスタイル、デザイン、クリエイティブ、ストーリーで商品・サービスを提案します。そこに識別記号としてのブランドロゴや名称が付いているから、競合や同類と混同されずに継続的に売れ続けます。

ですが、一般的な消費財やBtoB（企業間取引）事業の場合、情緒的なスタイルやデザインの商品を作ったら、物が売れるかというと必ずしもそうではありません。デザインが美しいシャンプーを出すことで、一時的な売り上げを得られても、それが継続的な売り上げの要因になることは多くありません。

クルマのような耐久消費財であっても、ラグジュアリーと呼べる高価格帯を除く90％以上の販売数を担うボリュームゾーンでは、デザイン性が高いことで好感度は高まるかもしれませんが、必ずしも購入理由にはなりにくいのが事実です。デザインを購入の主要因としてクルマを選ぶ顧客層は、全体としては非常に小さいです。

ブランディングの主たる目的は、商品・サービスを売るためではなく、あくまで商品・サービスを記憶し、識別しやすくするためのものです。ブランディングそのものが、買ってもらうための「便益」になるわけではありません。

ＢtoＣ（消費者向け）、ＢtoＢを問わずほとんどのカテゴリーにおいて、購入される理由、継続的に購入してもらえる理由は機能的な便益や独自性です。ブランディングとしての記号化は、それらの便益や独自性を競合や同類から区別するものです。

ブランディングは、付加的な価値として情緒的、感情的な好感度を生み出すことはできますが、好感度だけでは購入にはつながらない可能性が高いことを理解しておく必要があります。そもそもの商品・サービスの便益や独自性が弱ければ、ブランディングに大きな投資をして、ブランドに対する好感度などを向上させられたとしても、継続的な購入にはつながりません。

ブランディングに対する過剰期待はなぜ起きたのか

では、なぜブランディングに対して、過剰期待が起こっているのでしょうか。それは既に成功した企業事例を基にした「原因と結果の履き違え」に理由があります。

世の中のブランディングの成功例といわれるものは、結果として既に大きくなったブランドを見て、第三者がその重要性を説いていることが大半です。また、ブランディングに関する様々な指標のほとんどは、ブランドが強くなった結果論ですが、それらが強いビジネスを生み出すための原因として誤解されています。

ブランド評価で、おそらく世界的に有名なのが、ブランディング支援のインターブラン

ランク		ブランド	ブランド価値(US$million)	前年比
2023	2022			
1	1	Apple	502,680	+4%
2	2	Microsoft	316,659	+14%
3	3	Amazon	276,929	+1%
4	4	Google	260,260	+3%
5	5	Samsung	91,407	+4%
6	6	Toyota	64,504	+8%
7	8	Mercedes-Benz	61,414	+9%
8	7	Coca-Cola	58,046	+1%
9	10	Nike	53,773	+7%
10	13	BMW	51,157	+10%

インターブランドが2023年11月27日に発表した「ベスト・グローバル・ブランズ2023」

ドが毎年発表している「ベスト・グローバル・ブランズ」というランキングでしょう。

筆者も長年、この指標は参考にしています。２０２３年版のランキング上位を見れば「アップル」「マイクロソフト」「アマゾン」「グーグル」「サムスン」「トヨタ」「メルセデス」「コカ・コーラ」「ナイキ」「ＢＭＷ」が並びます。いずれのブランドも全て有名で、納得感があります。

このランキングは、次のブランド強度評価モデル10要素に基づいていることが公表されています。

【社内要素】
・志向力
・結束力
・共感力
・俊敏力

【社外要素】
・独自性
・整合性
・共創性
・存在感
・信用度
・愛着度

ランキング入りするようなブランドは、「強いブランドになったから、これらの10要素が備わっている」のでしょうか、それとも「これらの10要素を強化すれば、強いブランドになる」のでしょうか。もちろん、答えは前者です。

インターブランドのランキングは、既に多額の売り上げと利益を生み出し、多くの顧客を抱えている強固なブランドについて、10要素で評価。同業種の他のブランドと比較し、ブランド価値を算定しています。10要素は既に出来上がっているブランドの要素分解をしたものにすぎません。

このランキングや評価基準は、強いブランドに共通する素晴らしい参考指標です。ただし、この10要素を強化すれば、強いブランドをつくれるというわけではありません。

重要なのは、このような強いブランドが、創業から現在の強固なブランドになるまでに、何をやったのか、その歴史を理解し、そこからブランド創出への具体的な示唆を得ることです。

強いブランドの多くは、何十年という歴史の中で、様々な商品・サービスの開発、事業の失敗と成功の積み上げ、試行錯誤があり、その中で、多くの顧客を獲得し、維持し続けています。何十年の歴史で積み上げた結果でしかありません。

「アップル」のブランドはどう確立されたのか

「アップル」がその典型例です。同ブランドはインターブランドのグローバルランキングで11年連続1位を維持し、ブランド価値が５０００億ドルを突破した初めてのブランドです。まさに世界一と言えるブランドです。

インターブランドのグローバルブランドランキングが始まった２０００年時点では、アップルは36位でした。そこから価値を高め、初めて1位となったのは13年のことです。それまで1位だったコカ・コーラから首位の座を奪い、世界で最も価値のあるブランドになりました。

アップルの株式市場における時価総額は、23年12月28日時点で３兆ドル（約４２０兆円超）を超え、経済的にも圧倒的に成功しています。

革新的な商品・サービスを提供し続け、美しいデザイン、秀逸なユーザーエクスペリエンス（UX）、歴史に残るテレビCMなど、アップルのブランドをつくり上げている理由を挙げれば枚挙にいとまがありません。

ブランディングの成功事例として繰り返し取り上げられ、アップルのフォント、デザインなどは、様々な分野で模倣されています。ビジネスやマーケティングに関わる方であれば、このような強いブランドをつくりたいと思うのではないでしょうか。

ですが、アップルですら、「ブランディング」で数々の失敗を積み重ねています。

「伝説的広告」は業績的には失敗だった？

まず、アップルのテレビCMで伝説的な「1984」に関する事実を見てみます。当時の新型パソコン「マッキントッシュ」の発売に合わせて発表されたこのテレビCMは、1984年1月22日に開催された「第18回スーパーボウル」で9000万人の視聴者に対して放映され、大反響を呼びました。

制作は映画監督のリドリー・スコット氏が担当。小説家のジョージ・オーウェル氏の小説『1984』の世界観を基につくられており、当時のコンピューター業界の巨人である

1 「ブランディング」の誤解
〜原因と結果の履き違えはなぜ起きたのか〜

ＩＢＭ（アイ・ビー・エム）を仮想敵とし、解放者としてのアップルを打ち出したドラマチックな内容に仕立て上げられています。

商品写真を表示せず、具体的な商品説明もしない異例の内容で、広告史に名を残していま す。広告業界などでは、アップルブランドの象徴的な広告として語られることが多く、優れたブランディング事例として扱われています。

「１９８４」の放映から2日後の84年1月24日に発売された初代マッキントッシュは、当時としては非常に新しいＧＵＩ（グラフィカル・ユーザー・インターフェース）を中心としたＯＳ（基本ソフト）を搭載していました。ですが、既存のテキストモードやコマンド駆動のアプリケーションは、そのまま使えませんでした。結果、ソフトウエアが不足した状態でした。

この商品はテレビＣＭ放映後の84年5月初旬までに7万台が出荷されましたが、その後、失速し、業績は上がらず、売り上げと株価は86年まで低迷しました。今でこそ、革新的な広告として知られる「1984」ですが、アップルの業績を直接高めたわけではないことは明らかです。

また、「1984」放映の翌年、85年に開催されたアメリカンフットボールの大会「第19回スーパーボウル」で、アップルは業績の回復を狙い新たなテレビCM「レミングたち」を展開しましたが、こちらも失敗に終わっています。

この「レミングたち」は、広告業界やブランディングの文脈であまり語られませんが、理解しておくべき事実です。

このテレビCMは、集団で崖から落ちるとされる「レミング（タビネズミ）」のように、たくさんの人たちが崖からに飛びおりた後、「1985年1月23日、アップルはマッキントッシュオフィスをリリースする」というナレーションが流れます。

そこで、一人が絶壁の直前で立ち止まり、空を見上げ、雲の合間から差す光を見る。そして、崖へと進む人々の方を振り返って、「（新たな道を）のぞき見ることも、あるいはこれまで通りを続けることも可能だ」というナレーションが入るという内容です。

これは、当時の競合であるＩＢＭと一緒に崖から落ちるか、アップルとともに生き延びるかを暗喩した内容だと解釈できます。

ところが、このＣＭは、「１９８４」のように顧客の関心を引きつけることはなく、むしろ人を崖から落ちるレミングに例えることへの批判を招きました。

「レミングたち」のコピーライターを務めたスティーブ・ハイデン氏は、このテレビＣＭが、スタジアムの巨大スクリーンで流れた際、会場の観客からはほぼ反応がなく、「１９８４」に対する大喝采とは全く状況が異なったと語っています。

「１９８４」の放映後、マッキントッシュの短期間での失速、第2弾のテレビＣＭの「レミングたち」の失敗などの結果として、不十分な業績と低迷する株価。その渦中で社内での様々な確執があり、当時アップルのＣＥＯ（最高経営責任者）を務めていたスティーブ・

ジョブズ氏は、85年9月に会社を追われることになりました。

「Think different.」は売り上げに貢献したのか

アップルの広告でもう1つ広く知られているのが「Think different.」です。ジョブズ氏がCEOとして復帰した1997年に行われたキャンペーンで、「1984」と同様に現在でも広告やブランディングの文脈で必ず語られるほど知られています。

しかし、このキャンペーン後の売り上げを見ると、やはり前年を下回っています。キャンペーン翌年の98年に発売したパソコン「iMac」のヒットにより、一時的に業績は上昇したものの、2001年には、1997年をさらに下回るほど低迷しました。株価も同様で、2000年に一度上がったものの、再度低迷しています。

現在のアップルに至る驚異的な売り上げと時価総額の成長は、2003年の楽曲をネットで直接購入できるサービス「iTunes Music Stote」の登場、06年の「Mac Pro」「MacBook」「MacBook Pro」、07年の「iPhone」、08年の「MacBook Air」、10年の「iPad」の発売と、これらの新商品の連続的なヒットによって達成されるのです。

「１９８４」も「Think different.」も、公式にはどのような目的で制作されたかは明らかにされていません。ただ、視聴者に加えメディアからも圧倒的な反応を生んだものの、当時の売り上げと株価で見れば、業績に貢献したとは決して言えません。

その時期だけで考えれば、ビジネスに直接貢献する「広告」ではなく、それ自体が賞賛された無償のエンターテインメント「作品」でしかありませんでした。賞賛される広告は商品・サービスをブランドにすることを約束するものではありません。

こうした事実を振り返れば、アップルの成功要因はプロダクトの先進性と機能便益にあることは明らかです。

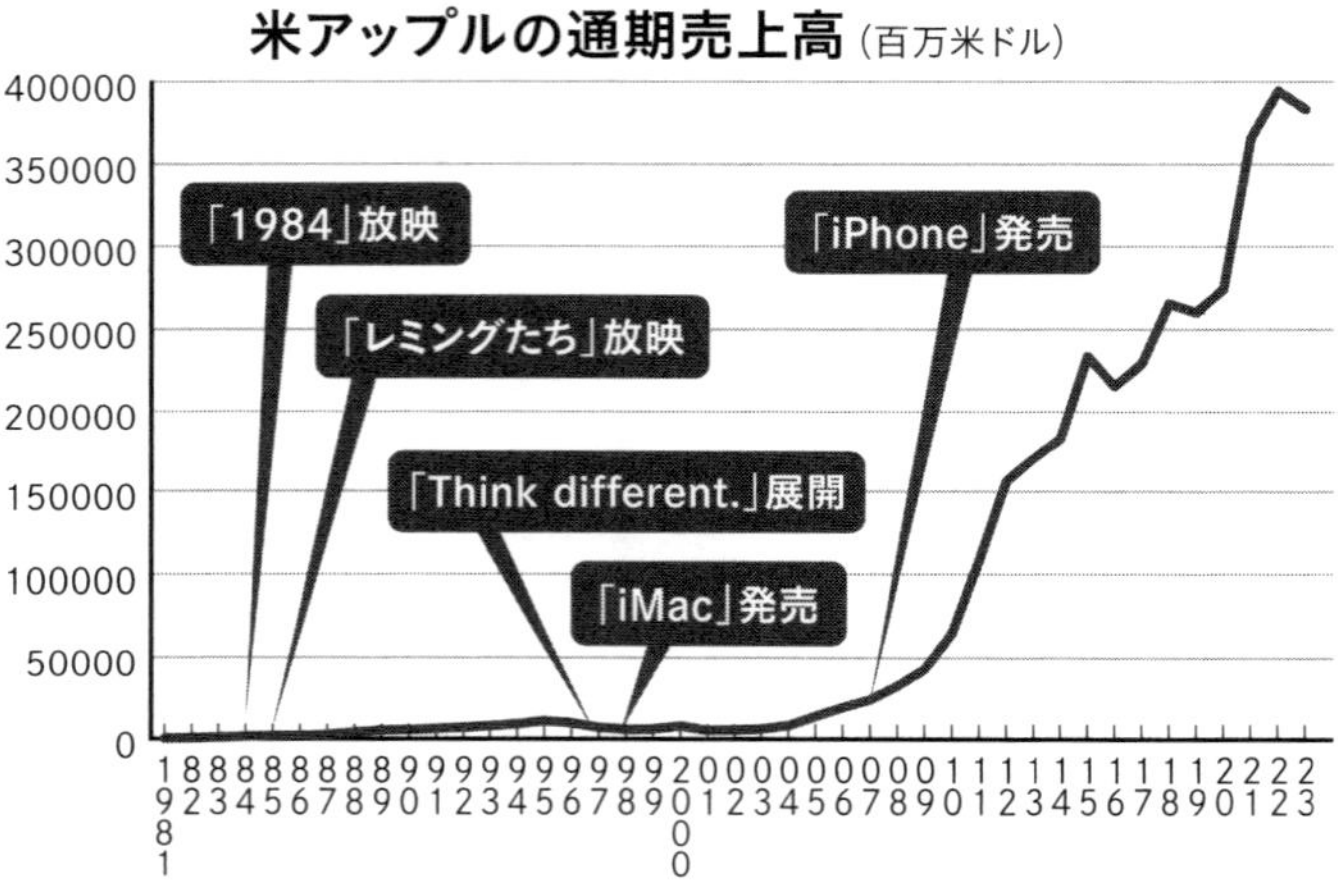

アップルの業績と照らし合わせると、伝説的と言われる広告施策も貢献したとは言えないことが分かる

従って、世の中で語られる「１９８４」や「Think different.」によるアップルのブランディングの成功は、数々の広告賞を獲得し、多くの方々から賞賛されたテレビＣＭという事実と、数十年後の２０００年代後半にアップルが世界一のブランドになったという結果を、部外者が後解釈したにすぎないのです。

私も、アップルの広告は大好きで、マーケターとしてのキャリアを歩む上で、大きな影響を受けました。数値化されずとも、これらの広告を通じて、従業員のモチベーションが上がり、後にアップルが優秀な方々を採用することに貢献した可能性はあるはずです。しかし、これらの広告出稿時期におけるアップルの売り上げへの貢献は見られず、株価も高まってはいません。これがビジネスの真実です。

「作品」としての広告の評価とビジネスへの貢献を混同し、誤解する事例は珍しくありません。様々な広告賞を受賞したテレビCMを含め、国内外でそのようなケースが数多く見られます。

「ブランド」の本質は言葉の起源にあり

では、「ブランド」とはどのように定義されているのでしょうか。「ブランド」「ブランディング」の定義は、アメリカ・マーケティング協会（AMA）と経営学者のフィリップ・コトラー氏の定義がシンプルであり、誤解が生じにくいと思います。

コトラー氏は「ブランドとは、個別の売り手または売り手集団の財やサービスを識別させ、競合する売り手の製品やサービスと区別するための名称、言葉、記号、シンボル、デザイン、あるいはこれらの組み合わせ」と定義しています。AMAでも、この定義を用いています。

ブランドという言葉は、「牛の焼き印」が語源だといわれています。農家が他者の牛と自分の牛を識別するための印です。ここから転じて、ブランドとは顧客が商品を識別するための記号のようなものを意味します。

しかし、1990年代に経営学者のデービッド・アーカー氏が提唱した「ブランドエクイティ論」をきっかけに、ブランドの意味が拡張され、ブランディングはマーケティング部門を超えて経営層にも注目される分野になり、大きな投資対象となりました。特に広告代理店を中心に、実務への応用は拡張され続けています。

2024年の現時点でも、「ブランド」とは何か、「ブランディング」とは何かに関して、

1 「ブランディング」の誤解 〜原因と結果の履き違えはなぜ起きたのか〜

様々な解釈が生まれ、過剰期待や無駄な投資につながっています。

アーカー氏はブランドエクイティを、次のように定義しています。

「ブランドは組織から顧客への約束」「顧客の中で生まれるイメージの総体」「ブランドエクイティとは、ブランドの名前やシンボルと結びついたブランドの資産（あるいは負債）の集合であり、製品やサービスの価値を増大（あるいは減少）させるもの」

アーカー氏のブランドエクイティ論によって、ブランドはコトラー氏が定義した「存在している財やサービスの識別、区別、差別化」から、「価値を増大させるもの」に拡張されました。これにより、積極的に経営やマーケティングが関与すべき存在になりました。

アーカー氏の著書『ブランド・エクイティ戦略』（ダイヤモンド社）が発売されたころから日本でも「ブランディング」の重要性が叫ばれるようになり、経営戦略、マーケティング戦略の中でも当たり前のように使われるようになりました。

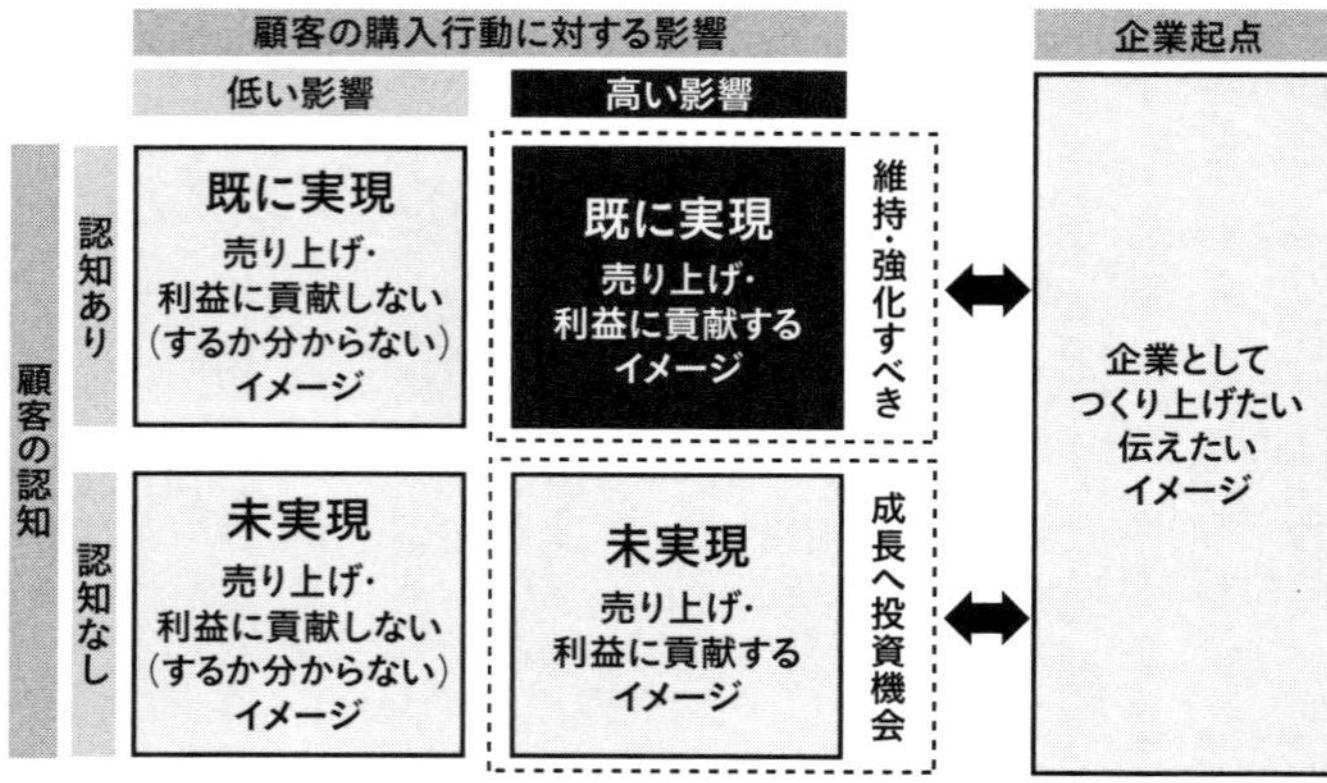

企業、顧客がそれぞれ抱いているブランドイメージ、売り上げや利益に貢献するイメージなどを一緒くたにすると無駄な投資が増える

筆者が所属していたプロクター・アンド・ギャンブル（P&G）でも、1990年代から、ブランドエクイティの概念はマーケティングに導入され、活用されていました。ですが、厳密な調査を土台に運用されていました。

具体的には顧客が実際に認知しているブランドのイメージである結果としての「ブランドエクイティ」と、企業視点で顧客に認知してもらいたい期待としての「デザイアード・ブランド・エクイティ（望ましいブランドエクイティ）」を分類して運用していました。

1 「ブランディング」の誤解
～原因と結果の履き違えはなぜ起きたのか～

しかし、多くの企業では、このような区別はなく、「顧客が既に持っているイメージ」「企業が発信するイメージ」「企業として顧客に期待するイメージ」「売り上げや利益に貢献するイメージ」「売り上げや利益に貢献しない（するかどうか分からない）イメージ」などが一緒くたにされ、無用な混乱と誤解が起こっています。

「ブランディング」とは、ＢＲＡＮＤ＝あるべき姿を規定し、形にし、ＩＮＧ＝あらゆる活動を通じてそれを伝達、浸透させることです。

ブランド・マネージャー認定協会によれば「ある特定の商品やサービスが、消費者・顧客によって『識別されている』とき、その商品やサービスを『ブランド』と呼ぶ」とされています。

つまりブランドとは、消費者や顧客から自社の商品・サービスが、他の企業の商品・サービスとは「違うもの」として認められることで成り立つものです。ですから、ブランディングとは単に認知を高めることではありません。

アップルをはじめ、現在成功しているブランドの多くが独自性のあるロゴやネーミングをつくり、最初から消費者や顧客が識別しやすくしていたという点は重要です。ですが、必ずしも、それが直接的に売り上げを上げたり、顧客を増やしたりする要因にはなっていません。

自社の商品・サービスと他社のものとが明らかに区別されること、消費者や顧客に「その企業ならではのもの」として認識させるための取り組みがブランディングです。そこでは、自社が伝えたい企業や商品の価値と、顧客が購入したり、使用したりするにあたって必要とするイメージを一致させることが大切です。

他社と区別できると、集客、販促、ＰＲといったマーケティング全域において優位性を保つことができます。「このカテゴリーなら、このブランド」といったイメージを定着できれば、顧客から選ばれやすくなるため、市場競争力が高まります。

ローソンは2020年春にプライベートブランド（PB）のパッケージを刷新したが、イラスト化した商品やアルファベット表記の商品名などを採用したことから「商品が分かりにくい」という顧客の批判を受けた。これを受け、商品写真を大きく掲載するなど再改修した。写真は再改修後の商品（23年2月13日時点）

ここを見誤ると無駄な投資が増えます。

ローソンのＰＢ（プライベートブランド）のデザインを巡る騒動は覚えていらっしゃるでしょうか。同社は20年春にＰＢのパッケージデザインを全面刷新しました。

ベージュを基調としたパッケージに油彩タッチの商品イラストを載せ、ローマ字で商品名を記載した、まるでシンプルな雑貨のようなデザインに仕上げました。

お気に入りの食器や雑貨とともに並んでいても違和感のないようなデザインを採用することで、価格だけで選ばれる従来のＰＢから、「ローソンのＰＢだから」を理由に選んでもらえるようなＰＢへと生まれ変わることを目指した刷新でした。

意欲的なデザイン刷新でしたが、ローソンの意図に反して、顧客からはネットを中心に「商品が分かりにくい」といった批判が相次ぎました。

例えば、納豆は「ＮＡＴＴＯ」、豆腐は「ＴＯＦＵ」といったローマ字の表記は顧客視点では見慣れないため、ぱっと見で何の商品か分かりにくい。さらに、商品カテゴリーを問わずに同一フォーマットを採用していたため、統一感はありましたが、かえって区別のしづらさに拍車をかけました。

ローソンは批判を受け、ＰＢのリブランディングから2～3カ月後に、約７００品目の全パッケージの再改修を決断。ＰＢのパッケージの再改修にさらなるコストをかけることになりました。

過去にはやったＣＩ（コーポレート・アイデンティティー）も同様の試みです。かっこいい企業名に変更すれば、ブランド力が高まり、売れるのではないかという発想で、１９９０

1 「ブランディング」の誤解
〜原因と結果の履き違えはなぜ起きたのか〜

年代にはやりました。ですが、多くの企業が失敗しました。失敗したとは自ら公言せずとも、ＣＩが財務結果に明確に貢献したケースはありません。

長らく、様々な企業のマーケティング支援をさせていただきましたが、企業規模が拡大する中で、より事業成長を加速させるためにブランディングをしたいという相談を受けることは多いです。

例えば、有名なタレントを広告などに起用したり、企業ロゴを変えるなどクリエイティブを先進的にしたりすれば、ビジネスが成長するのではないかと期待されていますが、たいていはうまくいきません。ロゴなどをむやみに変えると、顧客がブランドを識別できなくなるからです。

過去にＰ＆Ｇが韓国の企業を買収して、同社が保有する紙おむつブランドを突然「パンパース」に変更したところ、売り上げが激減しました。

ブランドは識別子であり、顧客はその識別子を手掛かりとして求める便益や独自性を持つ商品を買っています。その識別子を失ったことで、選べなくなってしまったわけです。そこで慌てて、パッケージに記載するパンパースのブランド名を小さくして、元のブランドを打ち出しました。

「ブランドは資産である」と言う人は多くいます。それは事実だとは思いますが、ブランディング活動自体は、資産づくりを目的にすべきではありません。ブランドとは顧客が商品に持つ便益や独自性の記憶であり、その便益や独自性の体験を想起しやすく識別しやすくするためのものです。

別に好きではないけど、とりあえず買われる商品があるとします。実は、そうした状態であればブランディングされていると言えるのです。逆に、すごく情緒的で好感度は高いのに、購入されない商品があったとすれば、それはブランディングされていると言えるでしょうか。その商品を「ブランド」と呼んだとしても、ビジネス的には意味はありません。

ロゴやパッケージが特殊で識別しやすくて、便益と独自性と一緒に記憶に残ることでブランド名やロゴを見ると、つい買ってしまう。それが、結果として顧客の認識に深く残る資産となるのです。

第2章

顧客が買うのは「便益」と「独自性」

～高級食パン店はなぜ閉店ラッシュに追い込まれたのか～

第1章では、世界的なブランドである「アップル」を例に、「ブランディングによって物が売れる、業績が上がる」という大きな誤解について解説しました。では、顧客は何を基に商品を購入しているのでしょうか。

答えは商品・サービスの持つ具体的な「便益」と「独自性」です。便益は言い換えれば、「買う理由」です。多くの商品・サービスは、〝ブランディング〟と呼ばれる表面的なデザインや広告表現だけでは、購入してもらえる要因にはなりません。ブランディングを検討する前に、顧客が「買う理由」が何なのかを明確にすべきです。

好感度や信頼度で商品・サービスを選ぶ人は少数

好感度、信頼度、親近感が高まったから商品・サービスを買うという人は少数です。商品・サービスの具体的な便益と独自性に顧客が価値を感じて、実際の使用においてその価値を再評価するから、好感度や信頼度が高まります。因果関係の理解を誤っています。

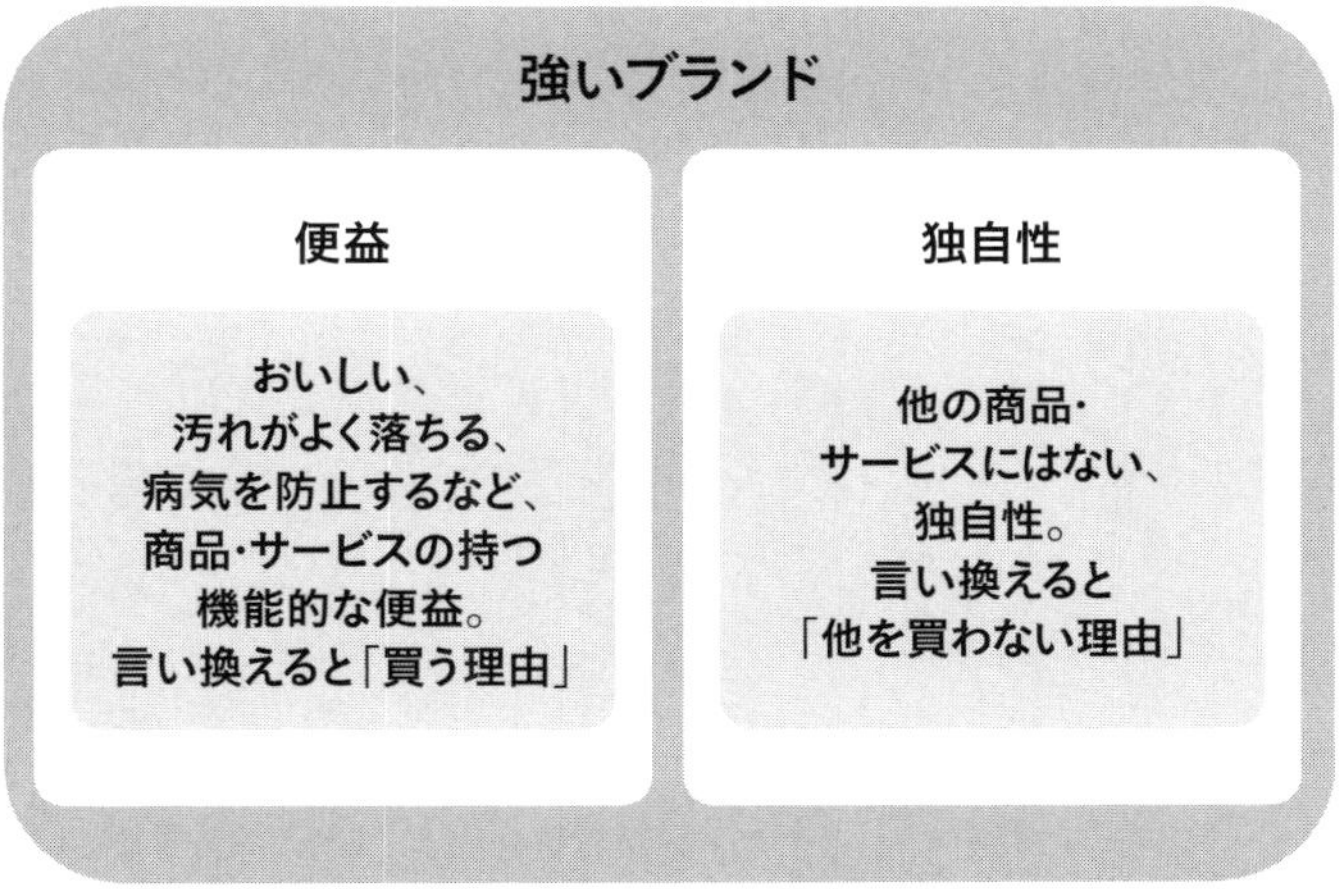
強いブランド
便益
おいしい、
汚れがよく落ちる、
病気を防止するなど、
商品・サービスの持つ
機能的な便益。
言い換えると「買う理由」
独自性
他の商品・
サービスにはない、
独自性。
言い換えると
「他を買わない理由」

強いブランドとは買う理由になる「便益」と、他を選ばない「独自性」を兼ね備えていることが条件だ

実際に「ブランド」として確立できる場合、まず上がっていくのは顧客の「購入頻度」と「継続購入率」です。継続購入率が高まると、顧客の「平均購入単価」も上がります。

そして、多くの競合との競争を乗りこえて購入の可能性を高める上で重要になるのが「独自性」です。独自性は言い換えれば「他の商品・サービスを買わない理由」です。商品・サービスの持つ価値が、強い便益と競合商品に代替不能な強い独自性に基づくものであれば、顧客は迷わず同じ商品・サービスを買い続けます。

顧客、もしくは顧客にとって大切な人に対する明確な便益と独自性を知覚して、初めて顧客は商品・サービスに対する価値を見いだして購入対象として認識します。

そして購入を検討し、その便益と独自性、すなわち「価値」を確認すれば、購入意思を固めて、その価値に見合う価格で購入に至ります。この時点で、自分にとっていい選択肢だと感じるので、ブランドに対する好感度は結果として上昇します。

そして購入後に、使用して、期待通りの価値を実感すれば、好感度はより上がります。加えて、何らかの付加価値を感じれば、一層好感度は高まります。

さらに、その商品・サービスに強い独自性があり、他の商品・サービスでは代替不能だと認識されれば、その顧客は同じ商品・サービスを継続的に購入します。

これらの指標の向上により、継続的に商品・サービスを利用することで、それに応じて好感度、信頼度、親近感といった指標が結果的に高まっていきます。

「究極にブランディングされた状態」とは

「究極にブランディングされた状態」とは商品・サービスの購入・利用が習慣化され、顧客の生活に欠かせないものになり、意識させずとも手に取ってしまう、使ってしまう状態を指します。

その商品でしか味わえない「味」や「健康への効用」など、強い便益とその商品にしかない独自性があれば、顧客は自然とそれを思い出して、それ以外の選択肢を考えることもなく、誰に言われずとも同じ商品・サービスを選び続けてくれます。

商品・サービスが生活の一部になるということは、その顧客にとって代替する商品・サービスが存在せず、購入している商品でしか得られない便益と独自性を感じている状態です。それが「究極にブランディングされた状態」です。

商品・サービスの価値を伝え、素晴らしい便益と独自性と商品との関係を忘れられないようにし、顧客の生活の中で習慣化させて、固定客を増やしていく活動。これこそが「ブ

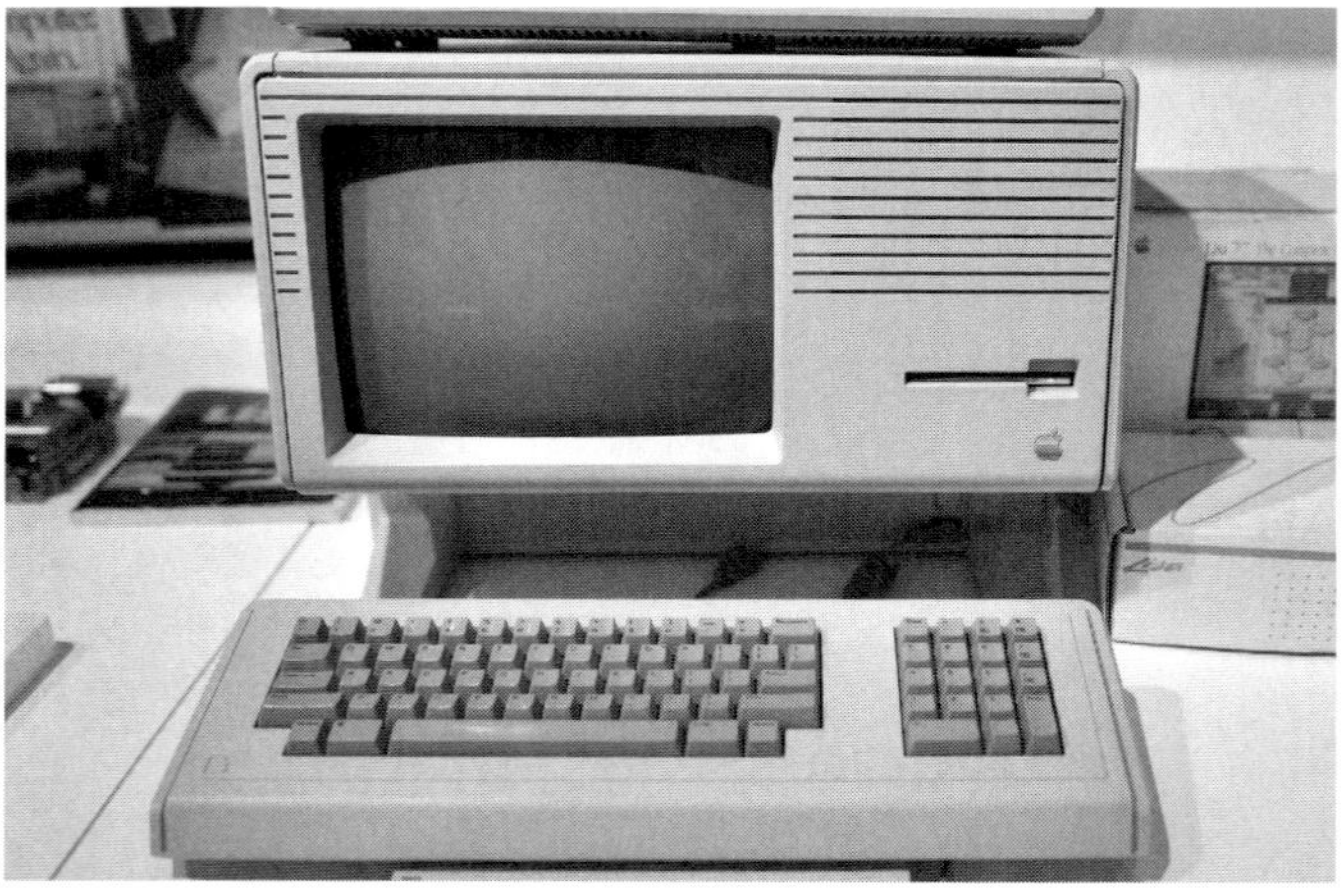

アップルの製品の中には機能的な便益が弱くて、売れずに消えていった商品も多い（写真／Grand Warszawski/stock.adobe.com)

ランディング」です。

アップルのスマートフォン「iPhone」を例に取ると、iPhoneの登場時の広告は決して洗練されていたとは言い難いです。「YouTube」で検索すれば、閲覧できます。言わずもがな、iPhone成功の最大要因は、プロダクトそのものです。

アップルのCEO（最高経営責任者）だったスティーブ・ジョブズ氏は発表時に「iPodに携帯電話機能がついた」と、紹介しました。iPhoneが進化する過程で、アプリの配信サービスが開発され、第三者も巻き込み

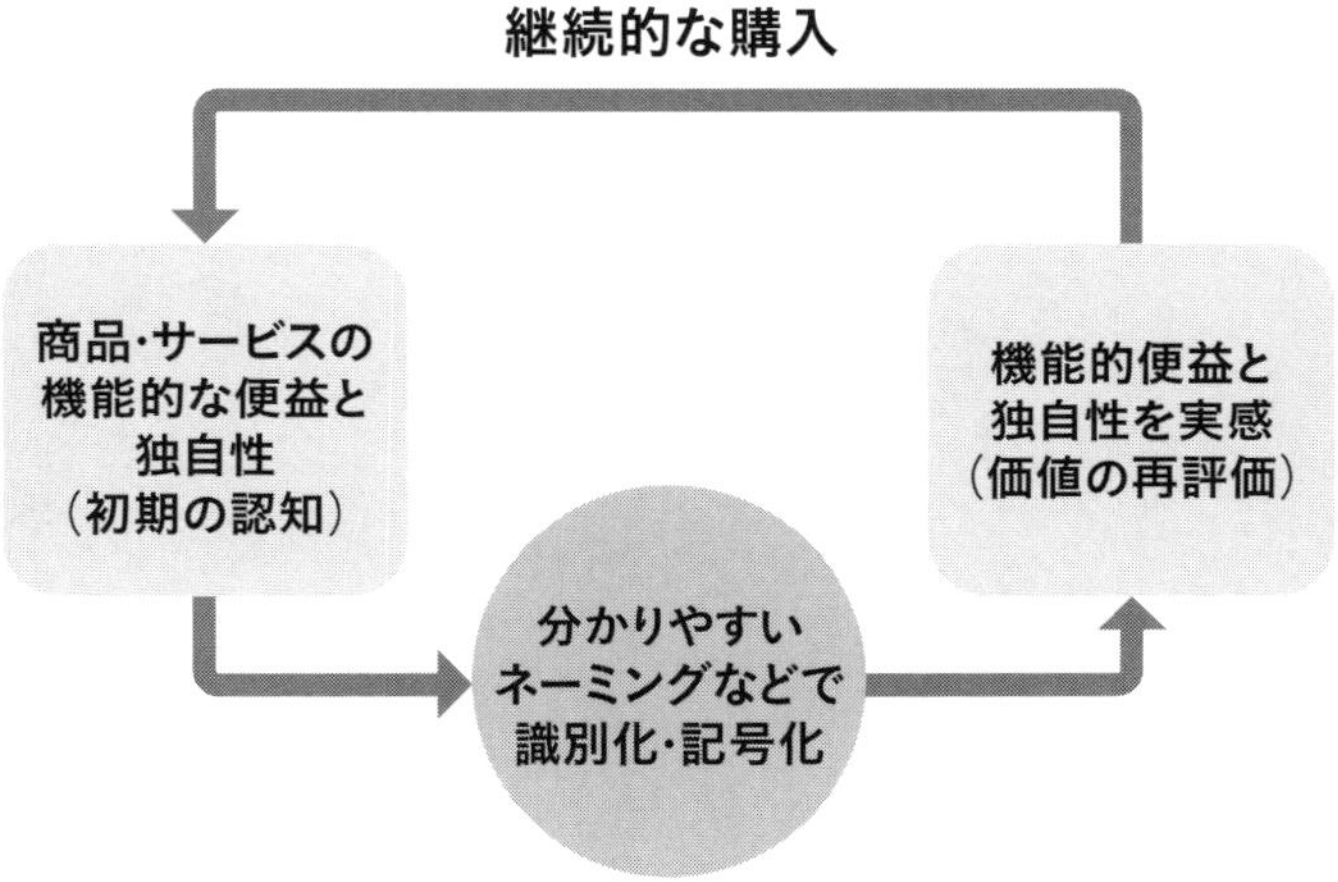

商品としての機能的な便益と独自性をネーミングなどで伝え、その効果を実感することで、継続的な購入につながる。こうした活動がブランディングである

多様な利便性を提供したことで、高い便益と強烈な独自性が磨かれていき、パソコンを超えて普及しました。

一方で、機能的な便益が弱く消えていった、「Apple III」「Lisa」「Macintosh TV」「Newton」「Power Mac G4 Cube」といったアップル製品をご存じでしょうか。

全てを知っている方は少ないと思います。なぜなら、広く認知されることもなく、消えたからです。アップルの歴史を見ても、便益や独自性が弱かった商品は短期で消えています。

一方で、売れた商品・サービスは人々の記憶に残り、多くの人に「ブランド」の成功として語られます。成功に行き着くまでの歴史や試行錯誤を知らない第三者の後解釈によって、原因と結果の履き違えが拡散し、誤解が広がるのです。

ブランドそのものに好き嫌いは感じなくとも、購入される商品というのは、顧客が商品の持つ便益と独自性を強く感じているからです。例えば、私は花粉症なので、花粉症の季節には王子ネピアのティッシュ「鼻セレブ」というやわらかいティッシュをよく買います。

これはブランディングとして先進的なイメージの広告を見たから買っているのではありません。商品としての機能的な便益、すなわち圧倒的なやわらかさをネーミングが伝え、実際に使用して実感しているから選び続けているのです。実質的な機能便益に加えて、「すごくやわらかいティッシュである」と識別しやすくするネーミングがブランディングです。

イメージが価値になる「ラグジュアリー」の特殊性

第1章でも触れたように、ラグジュアリーブランドに対する過剰な期待や憧れも、ブランディングの誤解を生み出す原因になっています。

ラグジュアリーブランドとそれ以外の商品・サービスを、混同してはいけません。ほとんどの商品・サービスにおいて、顧客はラグジュアリーブランドのようなブランドイメージ、デザイン、アート性、広告的クリエイティブが主として欲しいわけではなく、商品・サービスの持つ機能的な「便益」や「独自性」を買っています。

イメージ、デザイン、アート性、広告的クリエイティブそのものが強い便益そのものになるのはラグジュアリーブランドだけです。このような要素が、便益とならない商品・サービスの場合、それらを強化しても意味がありません。

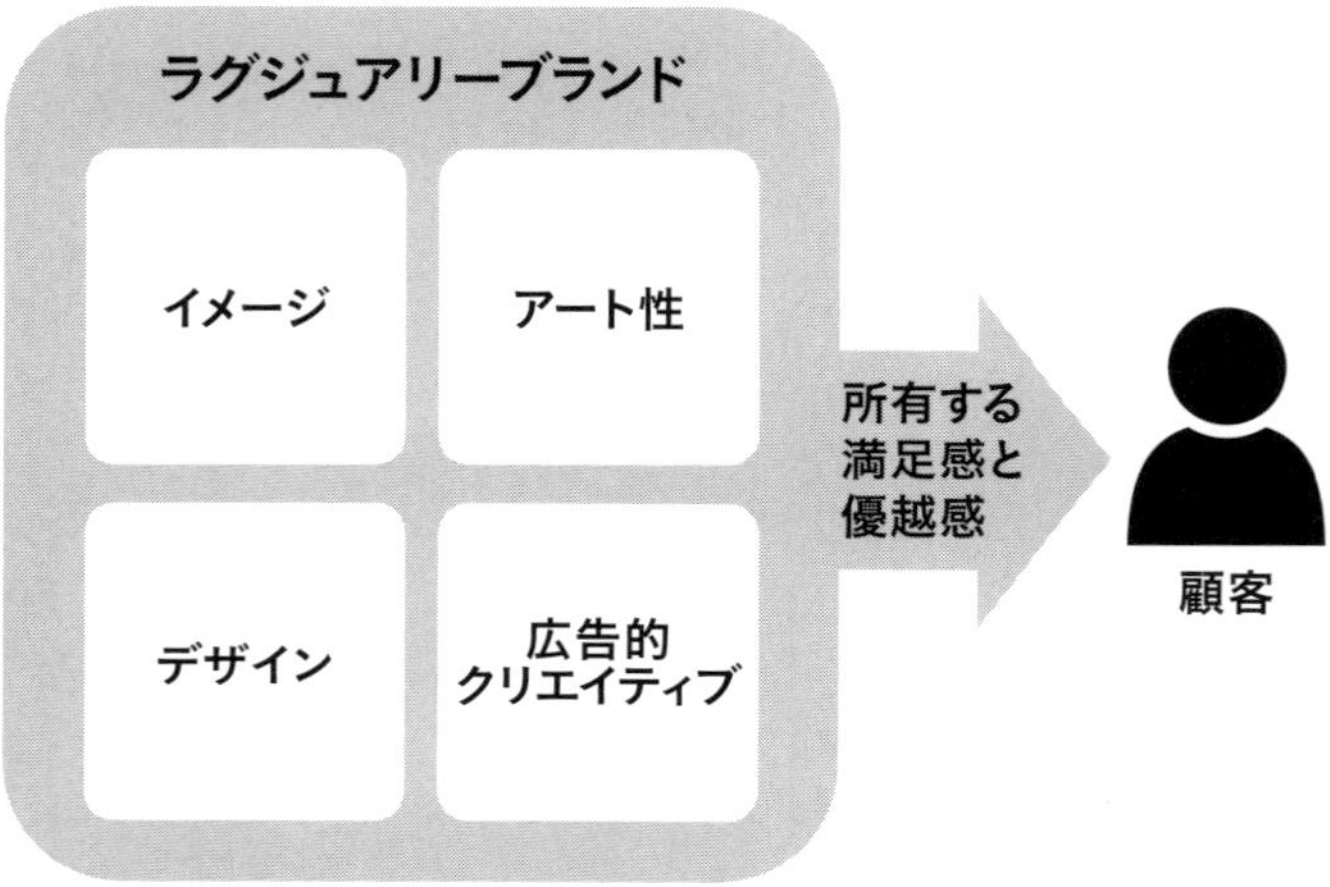

ラグジュアリーブランドはイメージ、デザイン、アート性、広告的クリエイティブが「所有する満足感と優越感」という直接的な便益につながる

その商品・サービスがなくなると何が困るのか。どういうとき、どの場面で困るのか、それが商品の便益が価値となる場面です。

商品・サービスが提供すべき主たる便益に目を向けず、一足飛びに、ブランディングすれば売れるという期待を持つことが、そもそもの間違いです。ブランドを意識させようとして、きらびやかな広告で訴求しても、作り手の自己満足でしかありません。

正しくブランディング活動をするためのスタートラインは、自社の商品・サービスを支えている「便益」と「独自性」、そして、

2 顧客が買うのは「便益」と「独自性」
～高級食パン店はなぜ閉店ラッシュに追い込まれたのか～

そこに価値を見いだす「顧客」を定義することです。

ここで注意したいのは、うまくいっていない企業の多くが自分たちが伝えたいこと、売りたいポイントを便益と独自性だと思い込んでいるという事実です。それは実際に顧客が価値を見いだすものと異なっているケースが多いです。

例えば、はんこを使った承認プロセスを代替する電子化サービスを売り込む際、「早くて便利」を便益として設定していたとします。

実務を担当する部門では、それが便益として捉えられたとしても、経営陣が、実際に、物理的なはんこを押した際の仕事の儀式的プロセスや達成感に便益を感じていた場合、そもそもはんこを押すことをそれほど不便だと思っていない可能性があります。

このように提供側と顧客が価値を見いだす便益と独自性が異なると、広告やパッケージデザインなどを変えただけでは買ってはくれません。顧客次第で価値となる便益と独自性は変わります。

顧客起点で真の便益を見つけ出す

マーケティング業界には「ドリルを売るのではない、穴を売れ」という有名な話があります。マーケティング界のドラッカーといわれるセオドア・レビット氏が著書『マーケティング発想法』に記述したもので、発刊は１９６８年とだいぶ昔です。

ご存じの方が多いと思うので詳しくは割愛しますが、「ホームセンターにドリルを買いに来た顧客はドリルそのものが欲しいのではなく、穴を開けたいのだ。それならキリでもいい。そのように、買い手の視点になろう」という示唆があります。

ただ、それでも筆者は本当の顧客起点にはまだ不十分だと考えています。たしかに「本当に欲しいものは何か」を推察してはいますが、求めているであろう穴（を開ける道具）

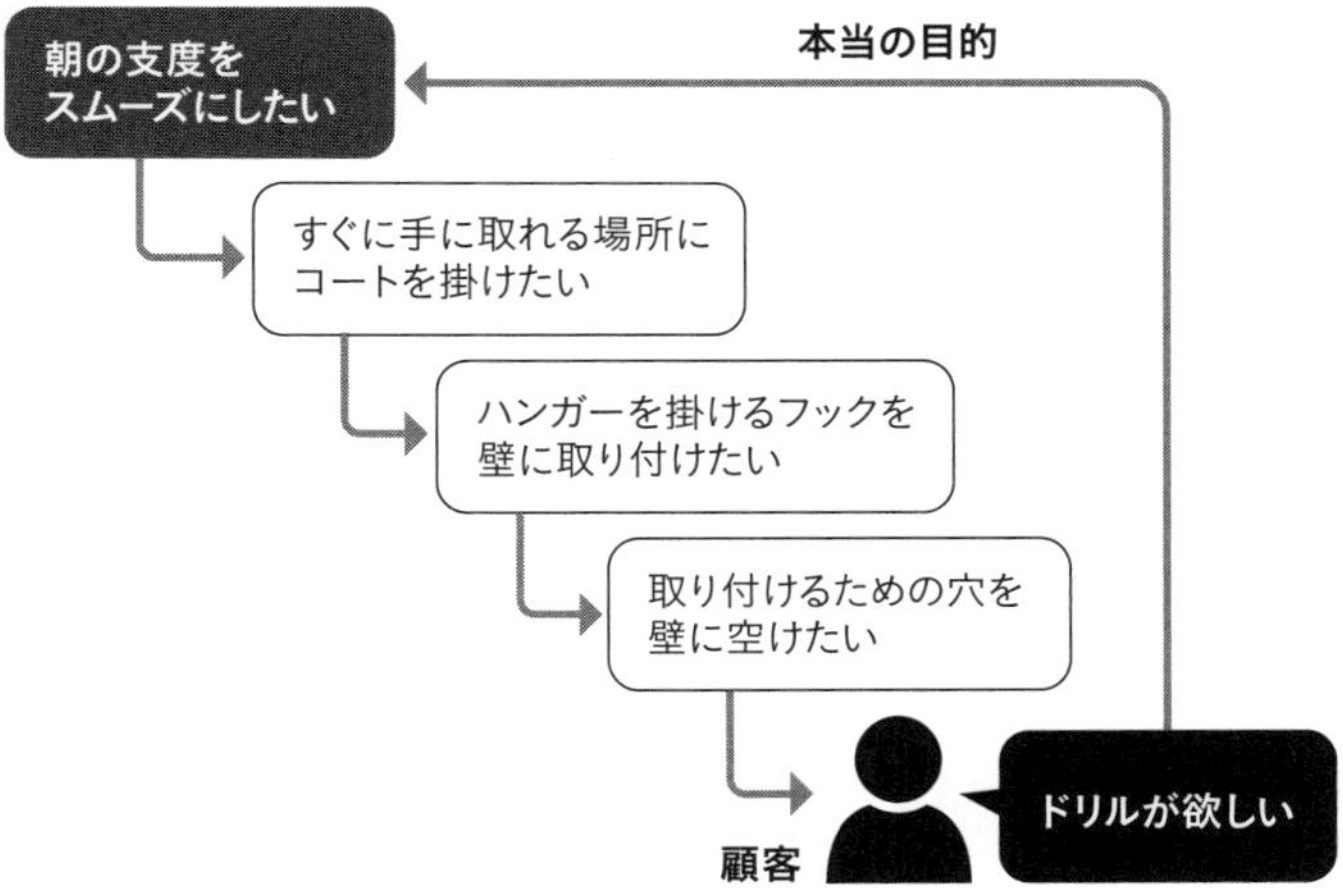

顧客起点に立ち返ることが、商品・サービスの真の便益を見つける上で重要になる

を売ろうという発想は、依然として売り手視点です。

そこで顧客起点に立ち返り、「なぜ、その人は穴を開けたいのか」を考えます。もし、ハンガーを掛けるフックを壁に設置するために壁に穴を開けたいのなら、目的は服を掛けることなのだから、スタンド型のコート掛けも選択肢に含まれるかもしれません。

ホームセンターに対象商品がなければ、近くの家具店を紹介すれば顧客の課題解決につながる可能性があります。あるいは、庭に置く犬小屋をつくりたいのかもしれません。それなら、組み立て式の犬小屋ユニットでも事足ります。

もちろん、コート掛けを提案したところで「ハンガーとフックは購入済みだから、固定するためのネジ穴を開けたい」のが真のニーズかもしれません。犬小屋でも「自分でつくるからこそ愛情」という価値観の持ち主ならやはりドリルが必要でしょう。

大事なのは、同じ「ドリルが欲しい客」でも、どこに価値を見いだすかは人によって大きな差が出てくるということです。価値は顧客が見いだすものです。企業が提供するものだと信じて「自社が提供できる価値」をと考える限り、自社にあるキリやその他の〝売り物〟に提案が絞られ、顧客の本当の便益と独自性にまで思考が及びません。

そんな売り手視点から脱却して、顧客が求める便益と独自性を突き詰めなければなりません。そして、その便益と独自性が最大限に伝わるように、パッケージ、デザイン、広告を含むあらゆるコミュニケーションにおける訴求内容を見直すべきです。

ブランディングの優先度の見極め方

一つ例を挙げましょう。ある2つのパン店があるとします。一方を仮に「黒川パン店」としましょう。黒川パン店の商品の特徴は見た目です。「虹色さんかく食パン」と名付けられ、食パンにもかかわらず三角形で、色使いも派手なため写真に撮るとSNS映えしますが、味は普通です。

もう一方を「星野パン店」とします。こちらの主力商品「星野の食パン」は見た目は普通ですが、食べてみると劇的においしいのが特徴です。

これら2つのパン店が取るべき施策は何でしょうか。黒川パン店は商品そのものの持つ便益が弱いため、食べた顧客から味に特徴がないと思われればリピート購入は見込みにくいです。

もし、デジタルマーケティングなどに広告費を投じた場合、一時的な売り上げ増加にはつながるかもしれませんが、継続購入にはつながらず、焼き畑農業的に広告費を投じ続けて

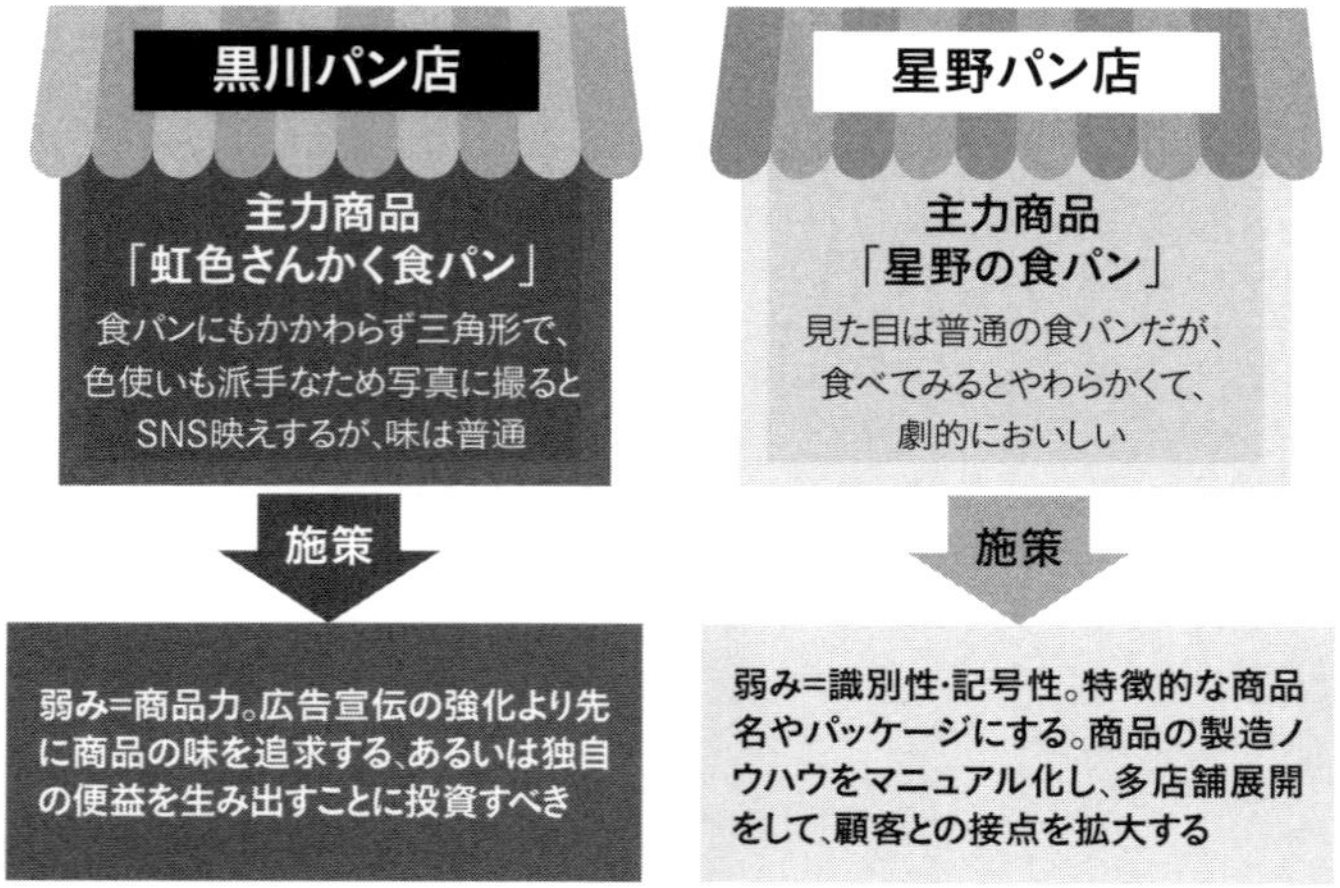
黒川パン店
主力商品
「虹色さんかく食パン」
食パンにもかかわらず三角形で、
色使いも派手なため写真に撮ると
SNS映えするが、味は普通
施策
弱み=商品力。広告宣伝の強化より先に商品の味を追求する、あるいは独自の便益を生み出すことに投資すべき
星野パン店
主力商品
「星野の食パン」
見た目は普通の食パンだが、
食べてみるとやわらかくて、
劇的においしい
施策
弱み=識別性・記号性。特徴的な商品名やパッケージにする。商品の製造ノウハウをマニュアル化し、多店舗展開をして、顧客との接点を拡大する

2つのパン店があったとして、一方の商品力に弱みのある「黒川パン店」の場合、ブランディングすれば売れるという発想だと失敗する可能性が高い

顧客を獲得し続けることになりかねません。

まず商品の味を追求する、あるいは三角形という特徴を生かしてサンドイッチにすると食べやすいなど独自の便益を生み出すことに投資すべきでしょう。

一方、星野パン店は商品を識別するための特徴がなく、顧客の記憶に残りづらいのが弱みです。ですが、商品の持つ便益は高いため、ブランディング活動に投資をすることで、成長につながる可能性があります。

例えば、「二度と合えない〝流れ星〟食パン」と名付け、パッケージに流れ星を入れて、顧客が他社製品と区別しやすくする。

さらに、商品の製造ノウハウをマニュアル化し、多店舗展開をして、顧客との接点を拡大するといった具合です。

このように強く顧客に支持される便益を持った商品をつくり、その価値をより多くの顧客に伝えるための活動に投資するという順番で物事を考える必要があります。

商品・サービスの持つ本質的な便益と独自性を新規顧客に実際に体験してもらい、高い価値評価をいただき、忘れないように覚えていただく。それが、ブランディングの主目的です。

もし、新商品であれば、顧客の24時間365日の生活のうち、どの部分で便益を提供するのかを考えます。これだけ商品・サービスの数がある時代ですから、そこには必ず代替品があります。

つまり、自社の商品・サービスを購入につなげるには競合から代替（リプレイス）する必要があります。代替を狙い、商品・サービスを訴求する上で気を付けなければならないのは、「独自性」を打ち出すときのコミュニケーションです。

独自性を考える上で注意すべき「差別化」の誤解

自社の商品・サービスの独自性を考える上で、決して「比較級」になってはいけません。これが「差別化」という言葉の誤解になっています。

差別化と聞くと、多くの人が「より早い」「さらに軽い」といった比較級を思い浮かべがちですが、それでは人は商品・サービスを選びにくい。「さらにキレがある」とか「自社ブランド史上最高」などをうたうコミュニケーションは数多くありますが、同じ便益での比較だと、顧客はその便益を知覚しにくいからです。

物が足りていない時代では「歯磨き粉」を作っただけで、そもそも存在しなかった便益を生み出したため、３６５日なくてはならないものになりました。

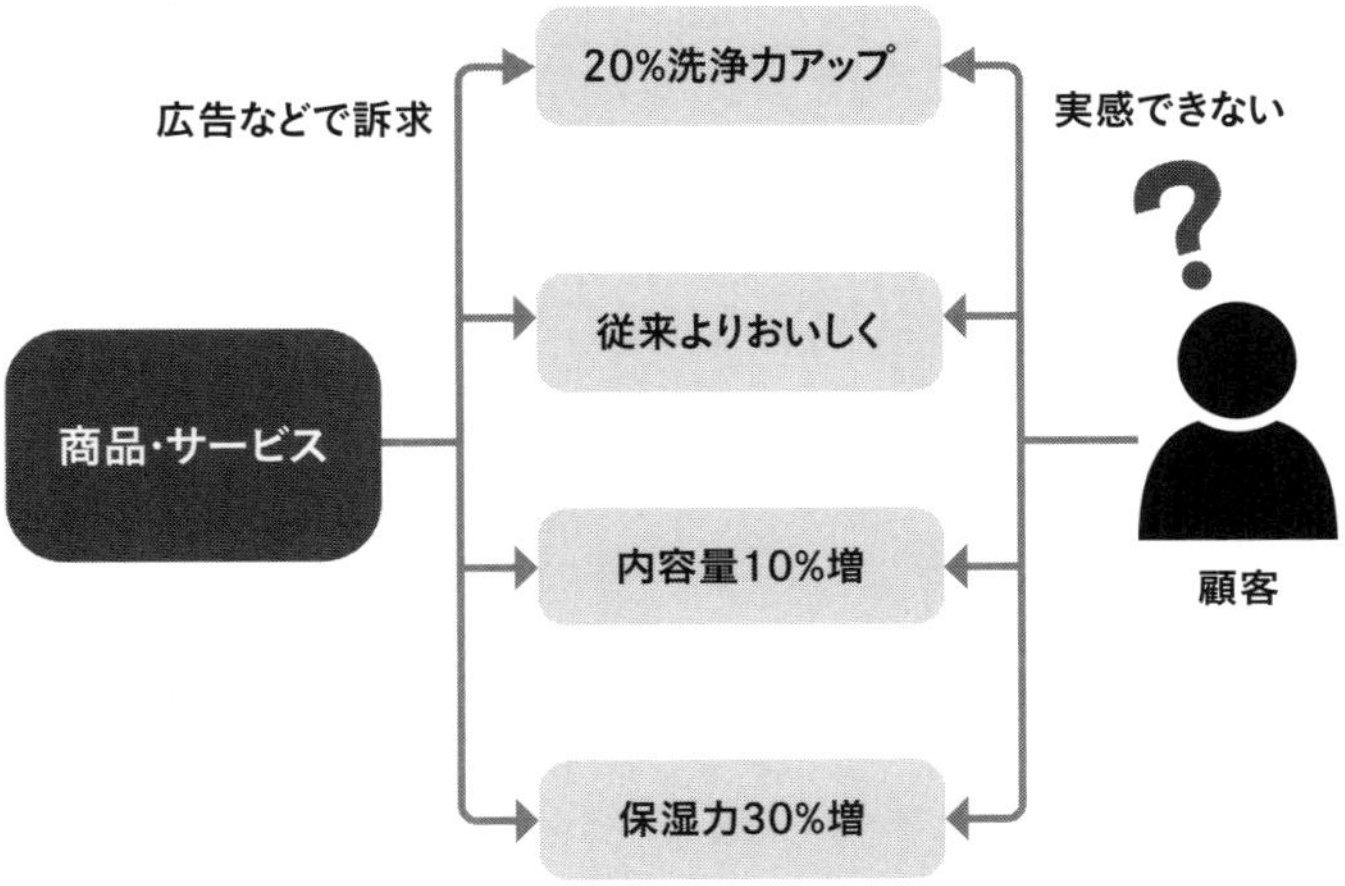

比較級の表現は顧客が価値を実感しづらく、ブランドスイッチを起こすような強い差別化要因にはならない

ですが、現在のように様々な「歯磨き粉」がある中で「さらに虫歯予防につながる」と伝えたところで、目新しさはありません。製品テストでは差が出ても、実際の購入者には便益が伝わりにくいためブランドスイッチは起こりにくいです。

米国の経営学者マイケル・ポーター氏が競争優位を確立するための一つの方法として「Differentiation Advantage（日本語訳として差別化戦略）」という言葉を生み出したことで、他社にはないブランドポジションを築く企業戦略で「差別化」の重要性が論じられました。

ですが、Differentiationの意図は「競合と区別すること、分けること」であり、本来は日本語では「独自化」に近いのです。ところが、なぜか「差別化」と訳されたことで、「競合商品の特徴や同じ機能の比較級」としての意味合いが広く伝わり、誤解を生んでいます。Differentiationとは本来、比較されない独自化を目指すことです。

自社の商品・サービスの便益と独自性を明確化できて、ようやくコミニケーションとクリエイティブの議論へと移ります。その便益と独自性と自社商品との関係を記憶しやすく、想起しやすいようなアイコン、名称、デザインなどで識別記号化することを目指します。

ブランドを記憶し、忘れないための識別記号をつくらないといけません。それは商品名かもしれないし、パッケージデザインかもしれないし、販売する場所かもしれません。それを商品の便益と独自性に価値を感じてくれそうな対象者に訴求し、その便益と独自性に価値を見いだしていただくことで、強く記憶され、想起されやすくなります。

2 顧客が買うのは「便益」と「独自性」
～高級食パン店はなぜ閉店ラッシュに追い込まれたのか～

秀逸な広告クリエイティブやデザインで、一時的に商品・サービスを売ることはできるかもしれませんが、商品・サービスそのものの便益と独自性が弱ければすぐに忘れられ、継続的な売り上げにはなりません。結果、多くの場合、ブランディングに投じた投資や費用は回収されずに、累計では損失につながります。

にもかかわらず短期の売り上げ成果をもって、ブランディングの成功とする事例が多いこともブランディングへの過剰期待と誤解を広げる要因です。

普通の牛に「神戸牛」と焼き印を押しても、神戸牛にはなりません。ですが、それを「神戸牛」として売ると神戸牛だと勘違いして買う層が一定数は出てきます。その大部分は実際に食べた後にがっかりして、リピート購入にはつながらず、場合によっては詐欺として訴訟される可能性もあるでしょう。

商品・サービスの便益や独自性が伴わない、短期的な成果を上げる間違ったブランディングとは、極端に言えばこのような詐欺的な心象を顧客に与えます。

ところが、この偽物の神戸牛を食べておいしいと思う人も一定数はいるため、短期的な売り上げは立ちます。そのせいで、このような誤った、ともすると詐欺的なブランディングは後を絶ちません。ですが、圧倒的においしい本物の「神戸牛」が市場にある限りは、いずれ偽物だとバレてしまうのです。

「一過性の価値」で衰退した高級食パン店

高級食パンも、誤ったブランディングで一過性の売り上げを生んだ一例です。２０１８年ごろから、２斤で１０００円近い価格の食パン店が増え始め、各地の店舗で行列を生み出すブームを巻き起こしました。

それから数年がたちブランドの乱立によって、競争が激化したことで商品のコモディティー（汎用）化が加速しました。それにより、高級食パン店は成否が分かれ始めています。高級食パン店の中には奇抜な店舗のネーミングで、注目を浴びたものもあります。

2 顧客が買うのは「便益」と「独自性」
～高級食パン店はなぜ閉店ラッシュに追い込まれたのか～

奇抜な店舗名や話題性で一度は購入してみようという好奇心で、短期的な売り上げにはつながる可能性はあります。ところが、商品が持つ便益や独自性が価格に見合っていなければ、一度きりの購入で満足してしまい、継続的な購入にはつながりません。商品のコモディティー化が進む中、商品の持つ便益と独自性が顧客の期待値を上回れなかったことが明暗を分けた要因の一つでしょう。

開店した地域の見込み顧客を取りきってしまうと、顧客として定着せず、持続性のない焼き畑農業的な事業に陥ってしまいます。

〝広告的なクリエイティブ〟で、顧客の注意を引くことはできます。しかし、それで期待を高めても、商品やサービスの便益と独自性が見合っていなければリピート購入にはつながらないため、投資したコストの回収ができなくなります。

第3章

「ブランドエクイティ」の誤解

〜購入に影響を与える要素を発見する方法〜

ブランドに関わる言葉として「ブランドイメージ」「ブランドアイデンティティー」「ブランドエクイティ」などが使われています。これらにも多くの混乱と誤用があります。

まず、「ブランドイメージ」とは一般的には、顧客がそのブランドをどのように認識するかを形成・維持し、時には修正するプロセスとされています。形成・維持のためにはブランドを定義し、ブランドのメッセージやビジュアルを一貫させ、全てのマーケティングチャネルで統一されたコミュニケーションが重要だとされています。

次に「ブランドアイデンティティー」は、企業起点の「こういうブランドでありたい」「こう思ってほしい」という願望です。企業がブランドをどのように位置付け、表現しようとしているかについての内部的な観点です。ブランドの性格、価値、ユニークな特徴などを定義し、顧客に対して一貫したイメージを提供するための要素を含みます。

そして、３つめが「ブランドエクイティ」です。経営学者のデービッド・アーカー氏が

3 「ブランドエクイティ」の誤解
～購入に影響を与える要素を発見する方法～

ブランドアイデンティティー（企業起点のブランド）	ブランドエクイティ（顧客起点のブランド）
企業がどう見せたいか	**顧客がどう認識するか**
企業がブランドをどのように位置付け、表現しようとしているかについての内部観点。、ブランドの性格、価値、ユニークな特徴などを定義し、顧客に対して一貫したイメージを提供するための要素を含む。	デービッド・アーカー氏が提唱したブランドを管理する概念。顧客の認識や感情に基づくブランドの強さを示す。ブランドの価値を測定し強化するプロセスとしてマーケティングで活用されている。

「ブランドアイデンティティー」は企業起点、「ブランドエクイティ」は顧客がブランドに抱いている認識を指す

提唱したブランドを管理する概念で、ブランドエクイティは、顧客の認識や感情に基づくブランドの強さを示します。ブランドの価値を測定し、強化するプロセスとしてマーケティング活動の中で活用されています。

アーカー氏は、ブランドエクイティを「ブランド認知」「知覚品質」「ブランドロイヤルティー」「ブランド連想」、そして「プロプライエタリアセット（独自の資産）」の5つの要素に分解します。これを管理することで、企業は競争優位を築き、長期的に顧客基盤を保持し拡大することが可能だとし

ています。

ブランドアイデンティティーは「企業がどう見せたいか」に関するものであり、ブランドエクイティは「顧客がどう記憶しているか、感じているか」に関するものであることを最初にご理解いただきたいです。これらの言葉は、よく混同されて使われています。

言葉が混在していることで起こり得る弊害

それらの言葉が混同されると、ブランディングをする上で、自分たちの視点で取り組みたいのか、顧客が望んでいることを実現しようとしているのかが曖昧になって、出発点を誤ることになります。

ブランドエクイティを強化したいという相談はよく受けます。ですが、エクイティの指標が上がることで、対象ブランドの売り上げや利益が増えるなど、成果に直結すると考え

3 「ブランドエクイティ」の誤解
〜購入に影響を与える要素を発見する方法〜

るのも大きな誤解です。

ブランドエクイティは顧客から見たブランドに対するイメージ認識にすぎません。それを強化すると、売り上げが増えることはあるかもしれませんが、必ずしもそうとも限りません。顧客が認識しているイメージであってもそれは、購入と無関係のイメージかもしれないからです。

例えば、ブランドエクイティを強化したいと考えたときに、自分たちがどう思われたいかという企業起点と混同してしまうケースもあります。ブランドをつくったオーナーの思いを強く反映した広告やＷｅｂサイトをつくり、ＰＲで打ち出す。それにより狙い通りのイメージの認知度が上がったのに、顧客の購入行動にはつながらず、売り上げが増えないという結果に陥ってしまいます。

これは、顧客が対象ブランドの購入を検討する上で、そのイメージを重視していない場

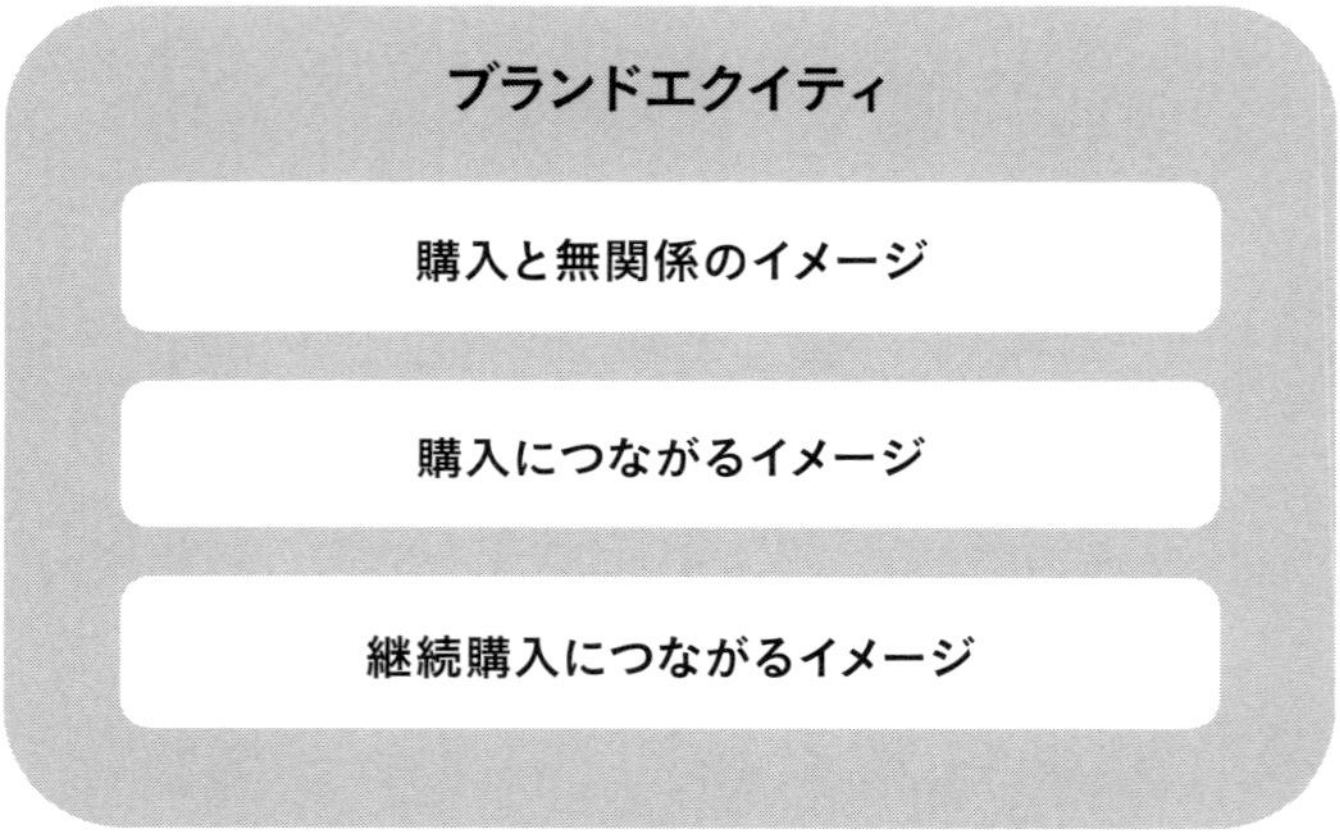

「ブランドエクイティ」はあくまで顧客が抱くイメージ。購入と無関係、購入につながる、継続購入につながるブランドエクイティは異なる。これらを混同すると無駄な投資が増える

合に起こる誤算です。顧客が価値を見いださないイメージを、ブランディングの名の下に、顧客に押し付けているにすぎません。顧客の購入意思は変わらないし、購入行動も起こりません。

企業が広告などで伝えたいことを、顧客は、認識はします。ですが、顧客が価値を見いだす便益や独自性が、そこになければ、顧客の心は動かず、行動も変わりません。全く購入につながらない、企業として押し出したい「ブランドエクイティ」ができあがり、事業上の成果につながらない無駄な投資になってしまいます。

3 「ブランドエクイティ」の誤解
～購入に影響を与える要素を発見する方法～

顧客は、商品・ブランドに対して様々なイメージを抱いています。そうした複数のイメージや認識の中に、「買いたくなる」「買い続けたくなる」要素の両方が含まれます。売り上げを上げることを考えるのならば、これらのうち購入につながるようなイメージの認識を構築する活動が理想的です。それが結果的に顧客が望む、購入行動につながる重要なブランド資産、すなわち「ブランドエクイティ」となるのです。

企業起点のブランドアイデンティティーと顧客起点のブランドエクイティが混在していると、売り上げを上げるべきために重要な要素と、企業のエゴとの区別ができなくなり、無駄な投資が増えます。売り上げを上げたい、購入者を増やしたいのであれば、購入につながる理由となる便益と独自性を打ち出すべきです。

ブランドエクイティを時系列で理解する

この「購入行動に影響を与える認識」を理解する上で重要なのが、現在のブランドエクイティ形成の過程の時系列分析です。アーカー氏が導き出したブランドエクイティを形成する要素について、時系列で考えてみます。

創業期には、創業者は顧客にこんな利便性や便益を与えたい、この独自性を追求したいという思いで、商品・サービスが立ち上がっているはずです。顧客起点ではない創業者起点かもしれません。しかし、そこに顧客が価値を見いだせば、顧客は購入し、売り上げにつながります。

このような創業期の様々な試行錯誤をへて事業が成長する長い過程で、様々なイメージや認識が顧客の中で生まれ、ブランドエクイティが顧客の中で形成されていきます。

企業が管理すべきブランドエクイティとは商品・サービスが多種多様な顧客に、認知され、購入され、再購入され、継続的に購入してもらえる強い購入意思（ロイヤルティー）を構築する複数の便益と独自性の枠です。

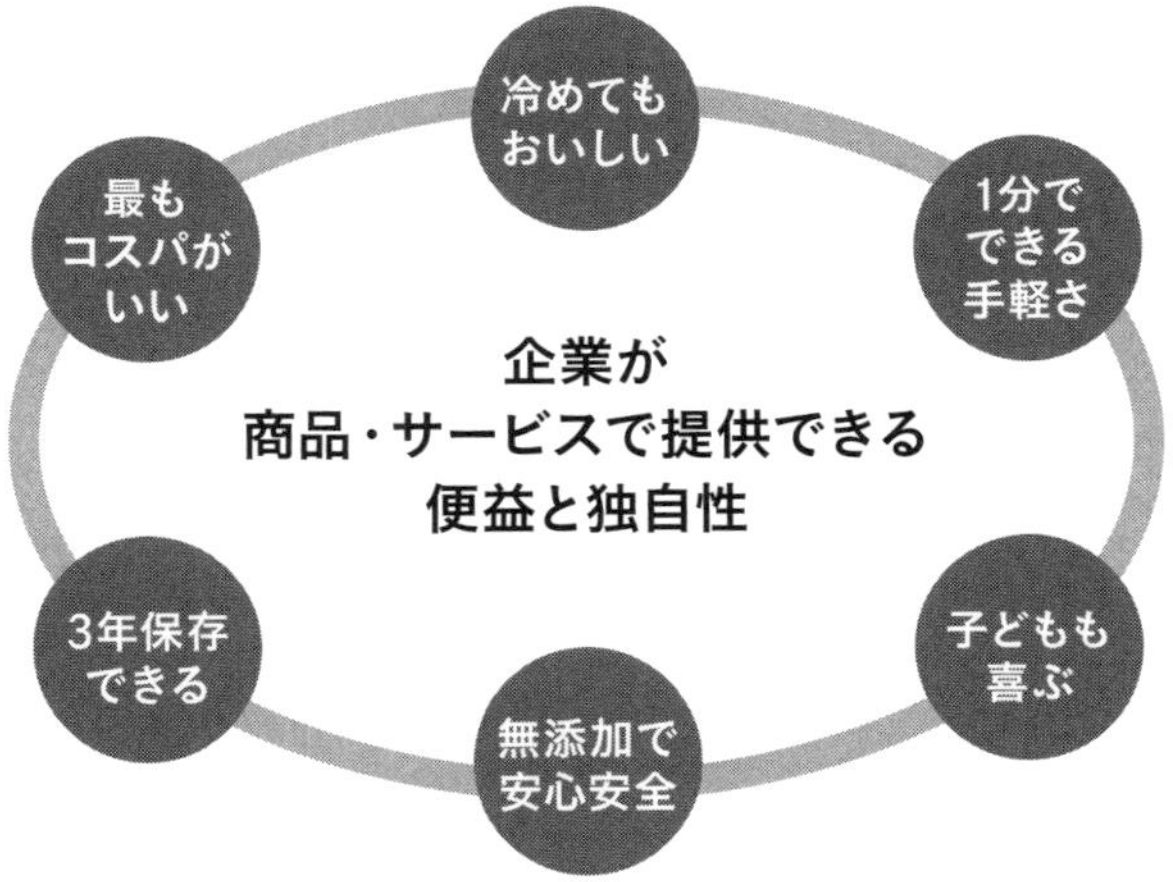

商品・サービスの開発後、多様な顧客に認知、購入、継続購入される中で、様々なブランドエクイティが構築されていく

枠がない、または枠が曖昧すぎると、長いプロセスの中で、投資の効果が最大化できず、無駄な投資を増やしてしまいます。一方で、枠が狭すぎると、顧客層を不必要に狭めてしまって成長機会を小さく限定したり、また、社会や顧客を取り巻く環境が変わったときに対応できず、行き詰まったりすることになります。

現時点で強いと認識されているブランドも歴史を見れば、長期的な事業成長の過程で、変化しながらも一定の枠の中で、ブランドが育ってきたことが分かります。

例えば、インテリアブランドの「ＩＫＥＡ」

はもともと17歳の創業者が注文があればペンや財布など、何でも販売する雑貨商売でした。そこから商材を拡大した結果、今の事業があります。その過程で、どのようなカテゴリーや商品で成功して、失敗したのかをきちんと分析することでブランド育成の過程が分かります。

歴史を精緻に知ることは、重要ではありません。どんな商品・サービスがどのような便益や独自性を通じて、どの顧客層の購入につながり、その結果どんなエクイティイメージをつくってきたかという理解が重要です。その購入につながるエクイティと顧客の関係がどうつくられたのかをひもとくことで、打ち手が見えてきます。この関係の理解なしに、全般的にブランドエクイティを強化しようとすると失敗します。

例えば、ラグジュアリーブランドは高額で、そのデザイン性やクリエイティブ性といった便益は、少数の人しか手にできません。だからこそ、身に着けることで自己満足が高まる価値を感じられます。ですが、売り上げを上げようとすると、顧客を増やすためにブラ

3 「ブランドエクイティ」の誤解
～購入に影響を与える要素を発見する方法～

ンドのマス化が検討に挙がります。
ところが誰でも買えるようになると、既存顧客の購入につながっていた「希少性」というエクイティを失い、離反につながる可能性が高まります。

ラグジュアリーブランドの代表格である「ルイ・ヴィトン」も、歴史の中でそれを繰り返してきました。80年代から90年代にかけて、円高によって、パリの本店で観光客が買いあさるようになり、希少性を失い、ラグジュアリーとしての価値を損ないかけました。そこで、段階的に価格を上げつつ、新たにより高級なラインを追加しました。

その後は、アーティストの村上隆氏とコラボしたり、スポーツブランドとコラボしたりして、新しい世代やマスを取り込みながらも、絶対に価格は落としません。既存顧客にはクラシックなルイ・ヴィトンのクリエイティブを提案し、新規層にはエッジが立ったクリエイティブを提案しています。

同じヴィトンの店舗でも銀座店と渋谷店では陳列している商品が異なり、陳列の仕方も異なります。一定の枠の中でブランドを守りながら、クリエイティブでエッジを立てて、顧客層を拡大しています。

ルイ・ヴィトン、メルセデス、ＢＭＷなどはブランドアイデンティティーとしての軸を持ちつつ、ブランドエクイティは、特定の便益や独自性とそこに価値を見いだす顧客層の組み合わせで幅を持たせています。

ですので、実は、マスとしての大衆層を取り込みやすい商品もあれば、マスにはならない商品もあります。このエクイティの枠を狭く定義するほど、ロイヤル顧客だけを高利益率で取り続けるビジネスになります。しかし、新規顧客の獲得による短期的な売り上げ獲得の難度は上がります。

自動車メーカーなどの中にはマスには一切売らないという方針をとる「ブガッティ」や「パガーニ」といったスーパーラグジュアリーを貫く企業もあります。売り上げ規模としては大きくはなりませんが、利益率は非常に高いのが特徴です。

どんな便益と独自性を、どの顧客層と結びつければ価値が生まれるのか、その便益、独自性と顧客層の複数の組み合わせを合算したブランドエクイティの枠をどのように設定するかは経営層として、非常に重要な意思決定です。

このようなラグジュアリーブランドではない、より多くの顧客層を対象とした一般的な商品やサービスであっても、価値を生み出すことができる複数の便益と独自性と顧客層の組み合わせを見極めることは重要です。それらをブランドエクイティの枠として管理していくことが、事業の結果につながるブランドマネジメントです。

経営層や上司の思い込みを事実で検証する

経営層や上司が誤ったブランドエクイティにこだわり、それが購入理由になると信じ込んでいる場合には、まず、本当に購入につながっているのかどうかを事実として検証すべきです。

もし作り手のエゴとして、売り上げに直結しないブランドエクイティであっても強化したいと考えるのであれば、それを目的にしてもかまいません。色々な思いで商品・ブランドをつくっているでしょうから、エゴはあってもいいのです。重要なのは「そのブランドエクイティを強化することが売り上げにつながるのかどうか」を明確に認識した上で投資することです。

どんなブランドでも顧客が買う理由は複数あります。調査をすれば便益と独自性と顧客の組み合わせは5つぐらい簡単に見つかります。ですが、調査を行うときに注意していただきたいのは回答の平均値を、高めるべきブランドエクイティの選定に使わないことです。

ブランドエクイティの調査でありがちな誤りのうち、最も多いパターンはブランドエクイティを定義するための定量調査の結果から、複数回答の平均値を基に定めてしまうことです。具体的には、多種多様な複数の顧客が、対象となる商品・ブランドの購入を検討するに当たり重視する便益、機能、個性などのイメージ属性の平均値を見て、5～10以上の属性をブランドエクイティとして定義してしまうケースが多いです。

3 「ブランドエクイティ」の誤解
～購入に影響を与える要素を発見する方法～

ですが、現実には、一人の顧客が購入に当たって重視する便益や独自性は、1つないし数個です。その少数の要素を頼りに購入し、継続購入をします。つまり、多種多様な複数の異なる顧客が期待する多数の平均的なイメージ属性を強化しても、必ずしもビジネスの結果につながるわけではありません。

調査結果から平均として得られる便益や独自性、個性などのイメージ属性は、広告や商品との接触などの体験をへて、顧客が抱いていた結果の平均です。必ずしも、商品・サービスを初めて購入したり、継続購入したりする理由ではありません。

この問題を検証するために筆者は「スニーカーブランド」を題材に、20～69歳の男女8244人を対象に、自主調査を実施したことがあります。調査では特定の商品・ブランドの購入を検討するときに、重視するポイントを尋ねました。

ここでは、「ニューバランス」を例に説明しましょう。複数回答でニューバランスを選ぶポイントを尋ねた平均値だと、上位5つの属性は「有名ブランドである」「デザインが良い」「履き心地が良い」「街履き・普段向き」「飽きずに長く履ける」でした。

複数回答と単一回答では結果が異なる

調査では次に、その中で最も重視するポイントを一つだけ選んでもらいました。すると上位5つの属性は、「履き心地が良い」「価格が手頃」「デザインが良い」「疲れにくい」「足へのフィット感がある」となり、複数回答の平均値とは異なりました。これこそが、購入を左右するブランドエクイティです。

複数回答で選ばれた「有名ブランドである」などは、有名であるに越したことはないという程度で選んでいる可能性が高く、ニューバランスを選ぶ強い理由ではありません。ですが、複数回答だと選ばれやすいため、平均するとさも優先すべき事項のように見えてしまう。それにより「本当に購入を左右する理由」と「あったらいい程度の理由」を混同してしまいます。

順位	複数回答の平均値	単一回答
1	**有名ブランドである**	**履き心地が良い**
2	**デザインが良い**	**価格が手頃**
3	**履き心地が良い**	**デザインが良い**
4	**街履き・普段向き**	**疲れにくい**
5	**飽きずに長く履ける**	**足へのフィット感がある**

ニューバランスのスニーカーを選ぶ理由について、複数回答の平均値では「有名ブランドである」が上位。だが、単一回答になると「履き心地が良い」「疲れにくい」「足へのフィット感がある」など、履き心地に関する理由が上位

多くの場合、ブランドエクイティで強化しようと考えたときに、このあったらいい程度の要素が多く含まれています。こうした過ちを避ける上でも、必ず単一回答で重視するポイントを尋ね、その回答結果と照らし合わせることが必要です。

ニューバランスが重視すべきブランドエクイティの枠は、単一回答で得られた「履き心地が良い」「価格が手頃」「デザインが良い」「疲れにくい」「足へのフィット感がある」であり、それぞれの属性を選んだ個別の顧客です。

ここまで分かれば、次はその5つの属性を選んだ顧客層に向けた訴求内容や商品の提案、その組み合わせを考えてマーケティングすればいいのです。もし、一つの商品でそ

れぞれの最重視する属性を十分に満たすのであれば、各顧客に対する訴求点を最適化するだけでもいいかもしれません。

もし、利益を重視するのであれば、「価格が手頃」を最重視する顧客に対する提案は優先せず、それ以外のブランドエクイティを優先するという判断もできるでしょう。

マーケティングの効果を最大化するためには、最重要視するこれらの項目を全て広告したり、訴求したりするのではなく、それぞれの顧客の購入ファネルにしたがって施策を検討します。商品の認知時点、来店時、商品の試し履き時点、購入後の商品利用が日常化した時点など、それぞれに合わせて最適化します。

これらを一貫して長期的に継続した結果として、最重要視される属性としてのブランドエクイティが強化され続け、ニューバランスは5つのイメージ属性の認知度が高く、購入意向が高い顧客に支持されます。結果として、他のブランドとの区別、独自化されたブランドとなるのです。

ブランドエクイティは変化し続ける枠

また、ブランドエクイティは固定的なものとして見るのではなく、変動するものと捉えることも重要です。ブランドエクイティとは単に一つの特徴やイメージに限定されるものではなく、様々な顧客が商品・ブランドに対して見いだした多様な便益や独自性などのイメージの集合体です。固定せず、「変化し続ける枠」として捉えるべきです。

企業によってはブランドの統一感を重視するあまり、使用フォント、ロゴ、レイアウトなどを定義して固定することもあるでしょう。広告やWebサイトをつくる上でも、詳細までがっちり決まったブランドブックなどをつくっている場合も多いです。これは一見、ブランドマネジメントとしては正しいように思えるかもしれませんが、やりすぎるとビジネスの成長が止まり、縮小しかねません。

これまでのイメージや認識を何も裏切ってはいないけど、何の驚きもなくなり、新鮮さを失ってしまいます。そこで、着目してほしいのが「購入に直結しないブランドエクイティ」です。顧客の購入に直結するブランドエクイティは変えてはいけません。ニューバランスなら、「履き心地の良さ」を失うことは大きな顧客の離反に直結します。

ですが、購入に対する優先順位として低いブランドエクイティであれば、それとまったく反することをすると、いい意味で驚きを与えられる可能性があります。これまで商品・サービスに対して抱かれていたイメージを裏切ることで、耳目をひくという手法です。

長期的な視点で見たときに、購入に関わる便益や独自性イメージが枠としての守られた道筋通りであれば構いません。例えば、保守的な仕事用ビジネススーツに、革靴の代替としてニューバランスのスニーカーを提案するコミュニケーションは全く問題ありません。カジュアルなスニーカーというイメージを裏切りながら、履き心地の良さを伝えることで、タフなビジネス環境でも疲れにくい選択肢として売れるでしょう。

購入に直結する絶対に変えてはいけないポイントと、そうではないポイントを分けて、コミュニケーションに活用するのは顧客層を広げるための一つの選択肢です。

第4章

正しい「ブランディング」の実践法

～3つの目的で目標を定めて実行に移す～

第1章から3章まで、ブランディングの誤解に関して具体的な事例を交えながら解説してきました。本章ではそれを踏まえ、実務上で有効なブランディングの目的を3つに整理して解説します。スマートフォンが普及し、デジタルメディアが主流となった現代でも、この大きな3つの目的は変わらないと考えています。

1つめは「プロダクト（商品・サービス）の記憶化と想起性の確立」です。第1章でも解説しましたが、「ブランド」とは、商品・サービスを他の競合と区別し、顧客に覚えやすく、想起しやすい特徴を提供する識別子です。

例えば、仕事の合間に休憩がてらコーヒーを飲みたいと思ったときに何を思い浮かべるか、季節が秋になって、そろそろ温泉に行きたいなと思ったときに何を思い浮かべるか、これが想起です。

ブランディング第1の目的の重要指標は「想起率」

競合商品・ブランドと比較して想起される割合を比率化したのが「想起率」であり、1

ブランディング 第1の目的
プロダクト（商品・サービス）の記憶化と想起性の確立

- 顧客が価値を見いだす機能的な「便益」と「独自性」の特定
- **価値となる機能的な「便益」と「独自性」の記憶化と想起性の確立**
- 商標の法的保護

➡購入の継続性

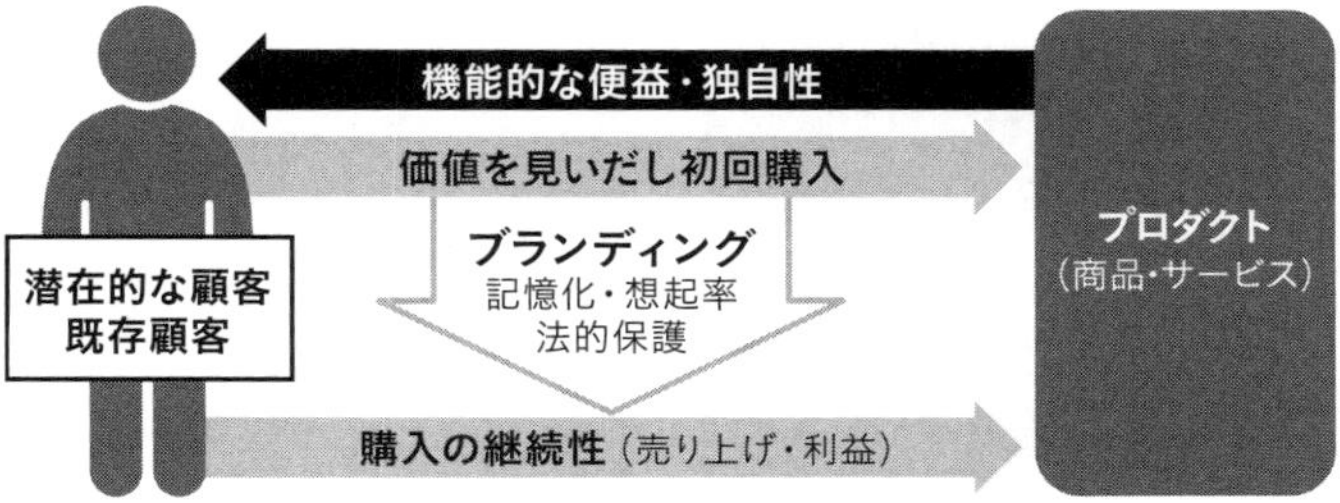

ブランディングの目的は大きく3つ挙げられる。その中で最も基本的な目的は「プロダクト（商品・サービス）の記憶化と想起性の確立」だ

つめの目的のブランディング施策において最も重要な指標です。

想起性は、そのプロダクトを識別する記憶が、その顧客が価値を見いだす商品・サービスの便益と独自性と直結していなければ意味がありません。単に、知っている、聞いたことがあるだけの名称認知ではなく、購入意思と購入行動につながる価値を生み出す便益と独自性との連想記憶です。

潜在顧客は、コーヒーを飲みたい、温泉に行きたいなどのニーズを感じた際に、そのニーズを満たすための選択肢を考えます。その際、1つめのブランディングの目的が達

ブランドは認知・記憶・想起性

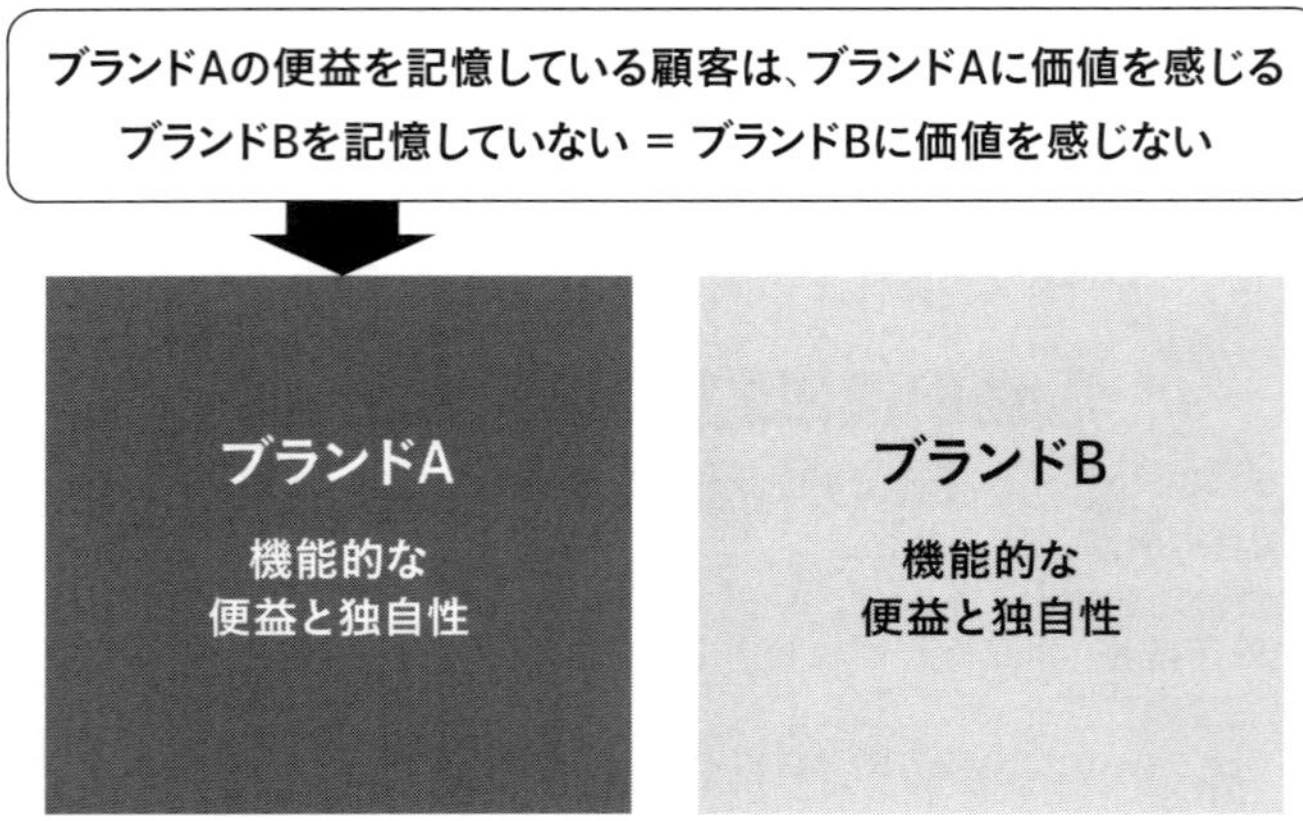
ブランドAの便益を記憶している顧客は、ブランドAに価値を感じる
ブランドBを記憶していない = ブランドBに価値を感じない
ブランドA
機能的な
便益と独自性
ブランドB
機能的な
便益と独自性

ブランドとは認知・記憶・想起性を高める識別子

成されているブランドが真っ先に想起される可能性が高くなり、購入が促進されます。

最近目にしたコーヒーブランドの広告が訴求する便益と独自性が魅力的で、その広告を見た際の記憶が、その特定のブランドの識別記憶として強く残っていれば、このブランドを想起して、積極的に店頭で探して購入する確率が高くなります。当然、広告が魅力的な訴求をしていても、識別記憶とつながっていなければ、思い出せず、購入にはつながりにくいです。

一方、既に購入経験があり、その商品・

ブランドの体験や使用体験がある既存顧客は、享受している便益や独自性を強く認識するようになり、「このブランドでよい」という継続的な商品・ブランド選択の動機が発生します。そのため、このブランドの識別記憶を通じて、他の選択肢に移動する動機を抑制し、離反防止につながります。

この識別記憶と想起性の強化により、顧客の初回購入から、継続購入に至る選択プロセスを簡素化し、商品選択の失敗のリスクを減少させることが目的です。同時に、類似品や模倣品からの法的保護も目的に含まれます。これが、ブランディングの最も基本的かつ重要な目的です。

ブランディングがもたらす6つの効果

その結果、ブランディングがもたらす効果は次の6つが期待できます。

(1) 競合からの区別化

ブランドネームやロゴ・意匠などで、他競合とは区別されて認識されるようになる。

(2) 選択意思決定の単純化・固定化

顧客の認知が整理されることで、再び同じ物を選ぶようになる。

(3) 顧客のロイヤル化

商品・サービスの便益と独自性が記憶され、ブランドロイヤルティー（継続購入、購入頻度、購入単価）が形成される。

(4) 価格優位性の獲得

同じ品質・スペックの商品について、競合よりも高い価格で販売が可能になる。

(5) 価格競争の回避

ブランディング 第2の目的
情緒的・心理的価値の提供

- 機能的な便益と独自性に**付加する、「情緒的・感情的な便益と独自性」**
  ➡付加価値の創出

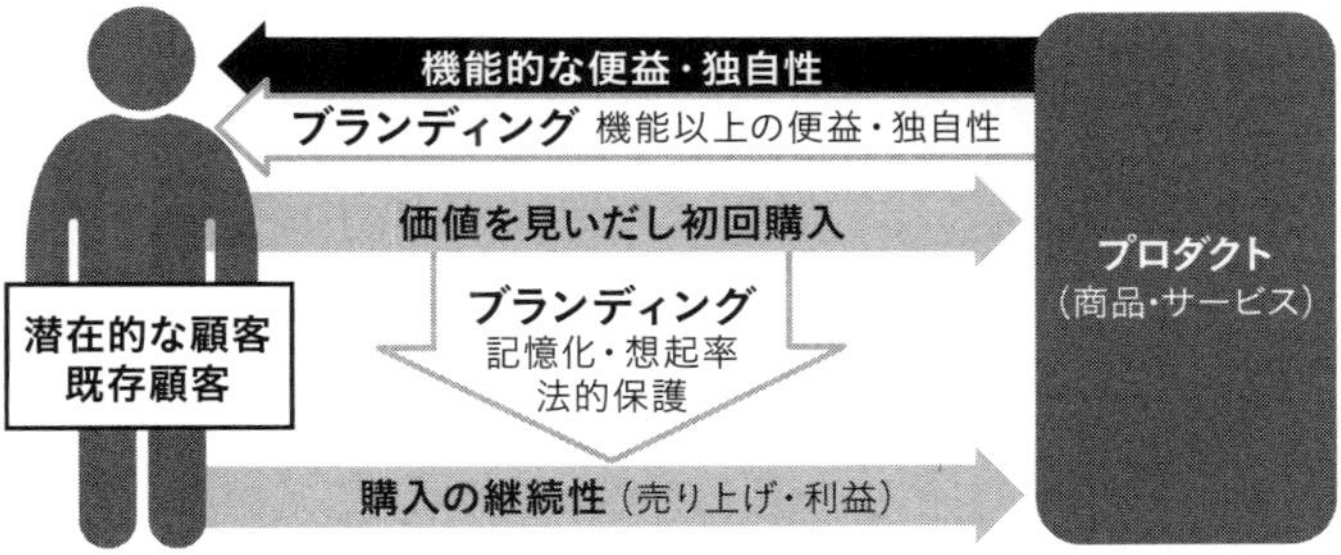

ブランディングの第2の目的は「情緒的・心理的価値の提供」だ。機能性以外の情緒的価値を加えることでブランドの付加価値をつくる

「顧客にとっての価値」を無視した価格競争に参加する必要がなくなる。

(6) プロモーションコストの削減

(1)～(5)の結果、販売促進のコストを低下させられる。

この目的のためのKPI（重要業績評価指標）には、商品・サービス名称の認知率、便益や独自性などのイメージ認知率、次回購入意向（ネクスト・パーチェス・インテンション＝NPI）、想起率、購入頻度、継続購入率などが挙げられます。ブランディングに活用できる成果指標については、第

5章で詳しく解説します。

続いて、ブランディングの2つめの目的が、「情緒的・心理的価値の提供」です。実はこの第2の目的が、結果的にブランディングに対して大きな誤解を生じる要因になっています。重要なのは第1と第2の目的とゴールは、同じブランディングでも別物であると区別して考えることです。

経営学者のデービッド・アーカー氏は、ブランドエクイティを「ブランド名やシンボルと結び付いたブランドの資産（あるいは負債）の集合であり、製品やサービスの価値を増大させるもの」と定義しました。

このアーカー氏の主張以降、ブランディングは商品・サービスに名前やロゴなどのシンボルを付けることを超え、そのブランドに関連する価値、信頼性、感情などの無形資産を構築するプロセスだと捉えられるようになりました。

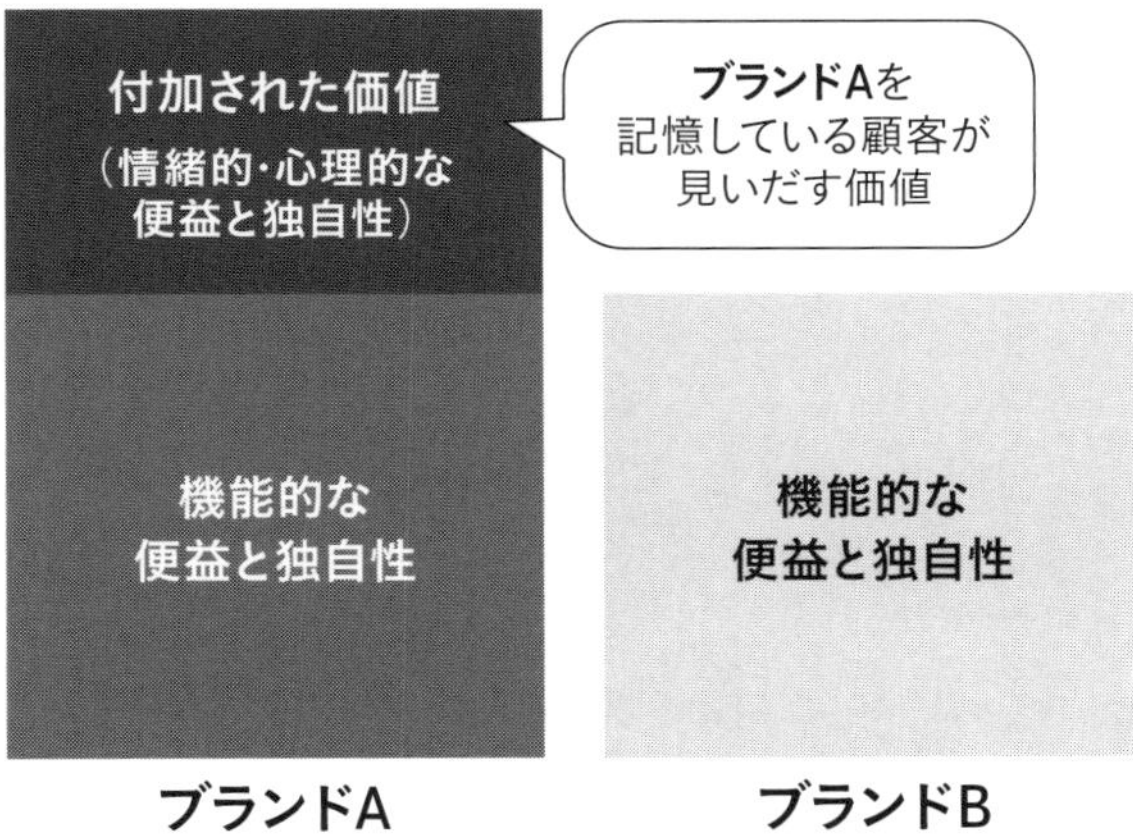

同じような機能的な便益と独自性を持つ商品であれば、ブランディングの第2の目的である情緒的・心理的な便益と独自性を付加価値として加えることで、差別化要因になる可能性がある

さらなる付加価値を加える第2の目的

アーカー氏の主張以降に注目されるようになったのが、既に確立しているブランドに対して、さらなる付加価値を加える第2のブランディングの目的です。ここでの付加価値とは、商品・サービスの機能的便益や独自性に対して、上図のように情緒的・心理的な便益と独自性を指します。

他にも似たような商品があるものの、何となく特定のブランドを選んだ経験はあると思います。有名なタレントが利用していたから、広告に載っていた経営者のメッセージに共感していたからなど、その理由は人それぞれでしょう。それは単純な機能性だけでなく、情緒的・心理的な価値を無意識に感じているからです。

ユニクロを例に説明しましょう。ユニクロのチラシを人に見せるときに、ロゴを隠した状態で見せると、商品を買いたいと思う人は少ないでしょう。しかし、ユニクロのロゴが見えることで商品に対する説得力と安心感が生まれ、購入を検討する人が増えるはずです。これが記号化の効果であり、ブランディングの第1の目的が達成されている状態です。ユニクロのロゴは、皆さんが記憶している「商品に対する価値」を呼び覚ます役割を果たしているのです。

また、ユニクロのWebサイトでは女優の綾瀬はるかさんを起用したコミュニケーションが見られます。これはブランディングの第2の目的である、情緒的・心理的な価値の創出を狙ったものでしょう。綾瀬はるかさんに対して顧客が抱いている感情的なイメージをブランドにも付与しているわけです。

広告宣伝に有名タレントを使うと、機能的な便益や独自性を超え、タレントが使っているという情緒的価値が加わります。これもアーカー氏のブランド論以降、ブランディングの範疇に含まれるようになりました。

このようにユニクロは、ブランディングの第1の目的である「記憶化と想起性の確立」と、第2の目的である「情緒的・心理的価値の提供」を巧みに組み合わせることで、ブランド力を高めています。ポイントは、機能的な便益や独自性と付加価値を一緒に訴求するのではなく、それぞれを適切に伝えている点です。

チラシにも綾瀬はるかさんを起用するという手法はありがちです。ですが、ユニクロは安易にそうはしません。媒体によって、メッセージを分けることで適切な情報を顧客に伝えています。こうしたブランディングの工夫によって、ユニクロは他のアパレルブランドと比較して優れたポジションや業績を達成しています。

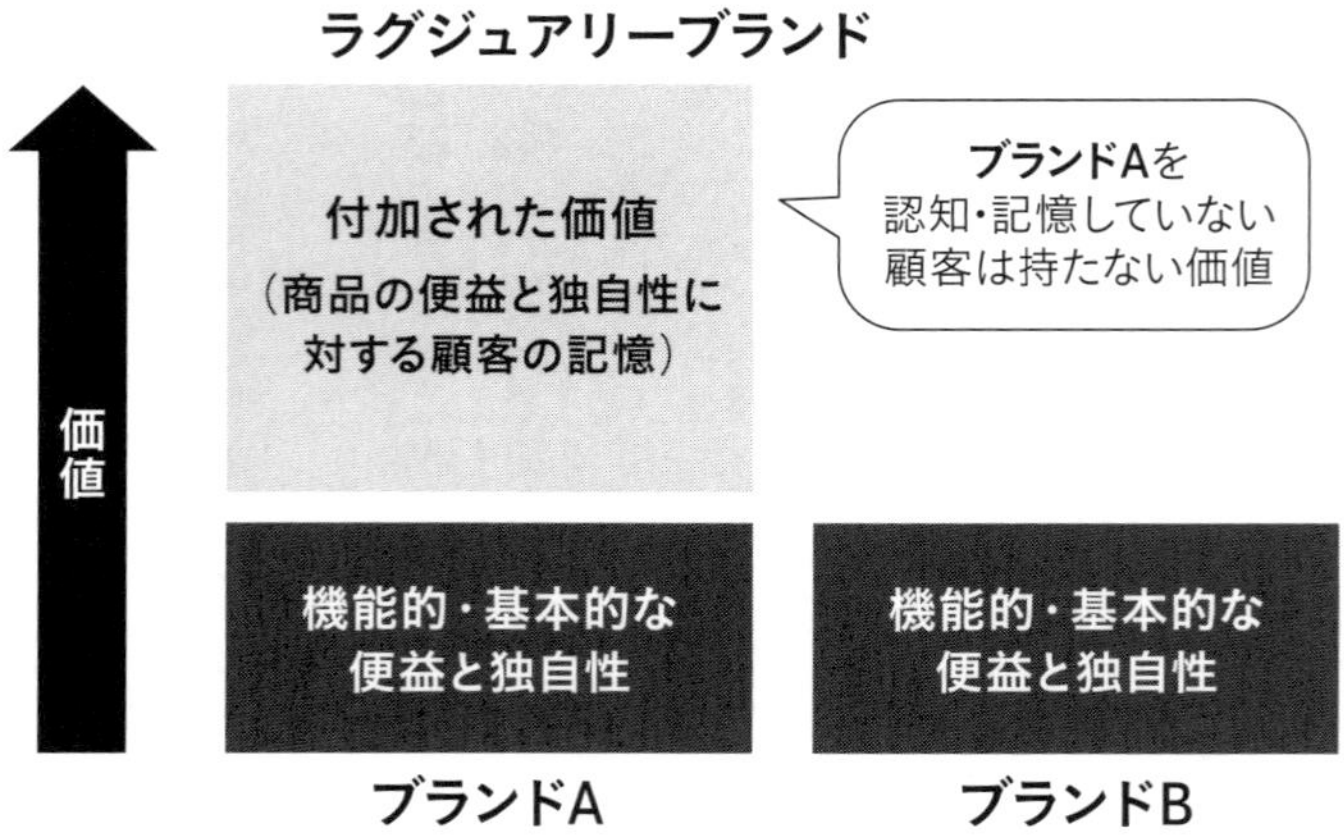

ラグジュアリーブランドはデザイン性、クリエイティブ性、希少性が機能的便益を超えた価値になる

第2の目的である情緒的・心理的な価値を最大限に引き出したビジネスがラグジュアリーブランドです。顧客は、デザイン性、クリエイティブ性、希少性、そして、その所有から得られる情緒的・心理的な便益に、バッグ、時計、クルマなどが提供する機能的な便益を超えた大きな価値を見いだします。

これにより、ブランドへの忠誠心や継続的な購入意欲を高めることを狙います。上図で説明すれば、機能的な便益と独自性が小さく、情緒的・心理的な便益と独自性が価値の源泉となるカテゴリーです。

このように、ブランディングによって商

品・サービスに対する顧客の認識や感情を形づくり、最終的には購入行動に影響を与える要素となり得ます。

この2つめの目的におけるKPIは、顧客満足度、次回購入意向（NPI）の高さ、ブランドへの忠誠心、購入単価などが考えられます。

ただし、第2章でも解説した通り、情緒的・心理的な付加価値をつくる活動を実行したからといって、売り上げや利益が上がるというのは大きな誤解です。ましてや、機能性が主体の商品・サービスとラグジュアリーカテゴリーを混同してはいけません。顧客が価値を見いだす強い便益と独自性を自社の商品・サービスが提供できるのかどうかを前提としていた活動であることを、念頭に置いてください。

ここまでをまとめると、ブランディングの第1の目的は商品・サービスが持つ強い便益と独自性を顧客が記憶しやすくし、想起しやすくすること。第2の目的は強い便益と独自性を持つ商品・サービスに情緒的・心理的にさらなる付加価値を付けることです。全てのブランディング活動は、顧客が価値を見いだす、具体的な商品・サービスの持つ便益と独自性の上に成り立っているということを改めて強調しておきます。

第3の目的は「インナーブランディング」

そして、ブランディングの第3の目的は、顧客に直接「商品・サービスを売る」という目的ではなく、いわゆる「インナーブランディング」「コーポレートブランディング」「IRブランディング」です。ここでの対象は顧客ではなく、ビジネスの関係者や従業員、メディア、株主や投資家、学生などです。彼らに「この企業で働いてみたい」「応援したい」「投資したい」と感じてもらうためのブランディングであり、これまで紹介した2つとは対象者（WHO）が異なります。

この第3の目的はステークホルダーに向けた会社や事業のビジョンの共有や従業員の働くモチベーションの向上、リクルーティングや株主向け施策が中心で、売り上げや利益に

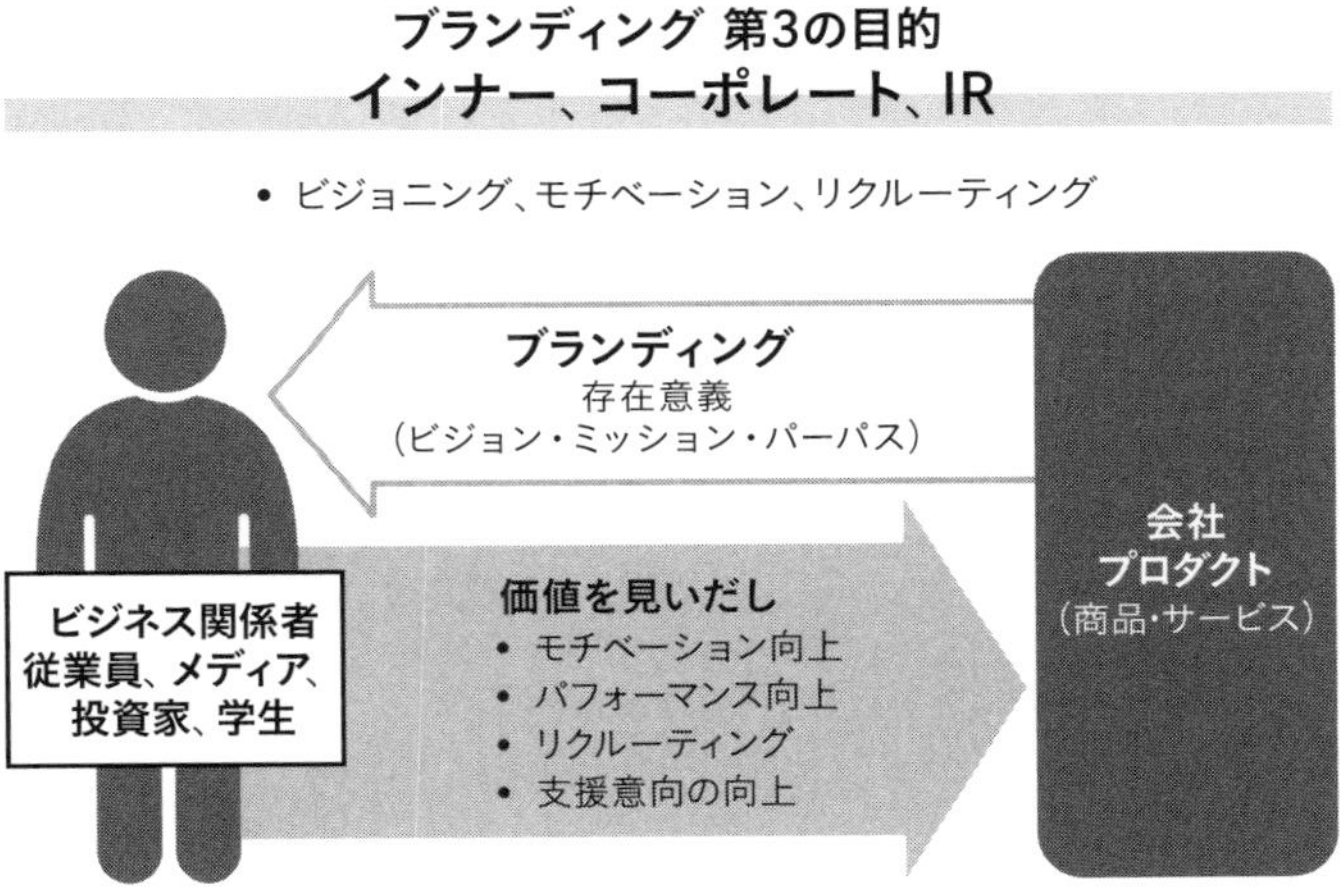

ブランディングの第3の目的は売り上げや利益の向上ではなく、従業員の働くモチベーションや採用効率などを向上させるコーポレートブランディングだ

直結するわけではありません。一般的に、ＰＲやＩＲと呼ばれる分野も、この３つめのブランディングと同じ目的を持っている場合が多いです。

ブランディングは、直接的な売り上げの向上を目指すだけでなく、商品・サービスや企業の存在意義を通じて、社内外のモチベーション強化や優秀な人材の獲得に貢献することも可能です。

第１章で、米アップルの伝説的と言われる広告「１９８４」や「Think different.」は、当時の業績や株価と照らし合わせると、必ずしも売り上げや利益の増加といった業績に貢献したとは言い難いと説明しました。

しかし、「１９８４」は何十年にもわたってマーケティング業界や広告業界で語り継がれているという事実があります。これは、アップルの従業員や広告代理店を始めとするビジネスパートナーの働くモチベーションの向上や人員の採用に、好影響をもたらした可能性が高いでしょう。

話題を呼ぶ広告によって、アップルが目指すビジョンやミッションを社内外のステークホルダーに浸透させ、アップルの未来につないだ広告だったとも解釈できます。「iPhone」を始めとする、アップルの成長を支えた数々のプロダクトの開発に関わる優秀なエンジニアや従業員の採用やビジネスパートナーとの関係性の強化につながったとすれば、結果論ではありますが長い目で見れば大きな効果はあったと判断できます。

このように企業の価値観や理念に共感する人材を引き寄せ、組織文化を強化することもブランディングの目的になり得ます。こうした目的のためのブランディング活動のＫＰＩには、従業員満足度、離職率の低減、応募者数や採用率、社内外でのブランド認知度などが有効です。

ブランディングにおいて重要なのは、この3つの目的の違いを理解した上で、今、自社が何を求めて、何を優先するために、何をブランディングの主目的とすべきなのかを明確にすることです。それができれば、ブランディングの実務はそれほど難しいものではありません。無駄な投資、過剰期待を避けられます。

ここまでは、ブランディングの3つの目的を紹介してきました。ではこれを実行に移すに当たり、どのように投資判断をすべきかを解説していきます。

ブランディングの投資を正しく判断する

ブランディングに関わる要素は「ネーミング」「パッケージデザイン」「ロゴ・シンボル」「プレース（売り場や陳列）」など、多岐にわたります。これらに関するノウハウは、各分野の専門家が様々な発信をしています。本稿ではマーケティングの実務の観点で、留意すべき点を解説していきます。

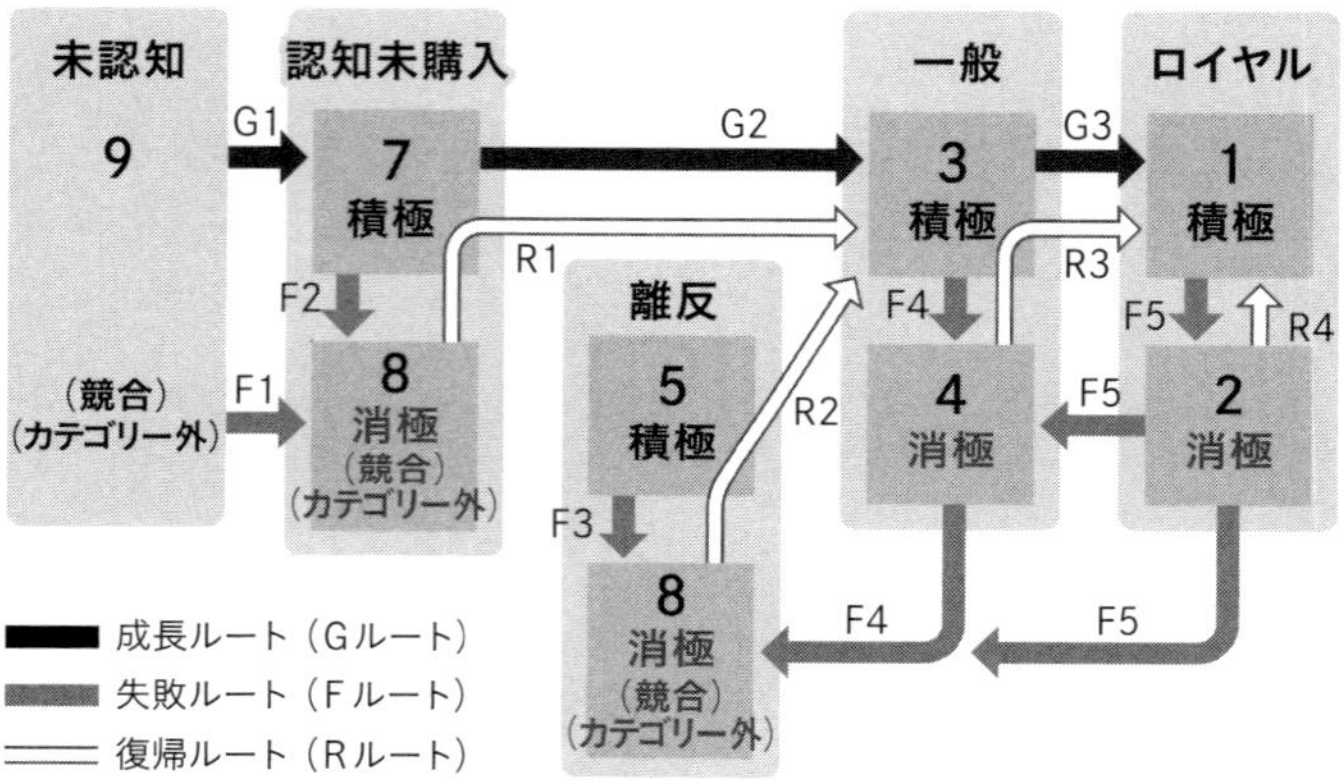

顧客は常に移動している。「成長ルート」は非顧客からロイヤル顧客に至るまでの理想的なルート。だが、顧客は離反する「失敗ルート」をたどることもあれば、離反後に「復帰ルート」をたどることもある。こうした顧客の動態を管理するのが「カスタマーダイナミクス」というフレームワークである

ブランディング活動は、魅力的で、マーケターでなくともビジネスに関わる誰もが、いつかは取り組んでみたい分野でしょう。しかし、実際の現場では、「ブランディングは計測できないもの」「ブランディングは絶対正しいもの」として捉え、時間と投資とリターンを冷静に考えずに実行に移しているケースは非常に多いのです。当然、そのような施策は、成果について誰も語れません。

悪いケースだと、ブランディング活動によって、むしろ既存顧客の離反を招き、事業の状況が悪化してしまう。ブランディングに大きな投資をしたのに、なぜ業績が悪

くなったのかが想像すらできなくなってしまうケースも存在します。

こうした間違いを犯してしまう、ブランディングにおける最大の問題は、目的設定と前提となるべき顧客理解の不足にあります。

多くのブランディングと呼ばれる施策は広告主側が顧客理解を徹底しておらず、目的が曖昧なため失敗します。その問題は依頼する事業主の問題です。広告クリエイターやデザイナーが提案してきた施策で、本当に対象となる顧客を動かせるのか、必要な認知度が高まるのかを判断するのは事業主です。

こうした判断を含め、ブランディング活動を行うに当たって、既存顧客（ロイヤル顧客、一般顧客）、新たに獲得したい潜在顧客（離反顧客、潜在的な非顧客）の誰を対象とするのか。また、どれくらいの割合に、いつ、どれくらいの時間で、認知され、体験してもらいたいのか。それにより心理状態を変えて、顧客の行動（購入行動、購入頻度、購入量）をどのように変化させたいのかといった計画は必須です。

「カスタマーダイナミクス」で目的を設計する

基本的なブランディングの目的設計と計画は108ページ図の「カスタマーダイナミクス（顧客動態）」と呼ぶフレームワークで整理すると理解しやすいでしょう。どのような企業であっても、売り上げの目標に向かって常に獲得すべき顧客数を意識し、毎月の集客に注力します。この時点で、顧客は企業側の施策で増減する対象となり、「集客数」という単純な目標が定まります。

しかしながら、顧客はそれほど単純な存在ではありません。様々な施策や商品体験をへて、顧客の心理状態は変わり続け、行動が変化します。その結果、徐々に購入の頻度や単価が上がってロイヤル化することもあれば、静かに離反していくこともあります。この変化を、カスタマーダイナミクスと呼びます。

カスタマーダイナミクスは、量的なアンケートが可能な場合、自社や競合の顧客層を9つの主要な顧客セグメントに分類するメソッド「9segs」で管理します。商品・サービスの認知の有無、購入の有無、現在の購入頻度などで顧客層を9分類（セグメント化）しま

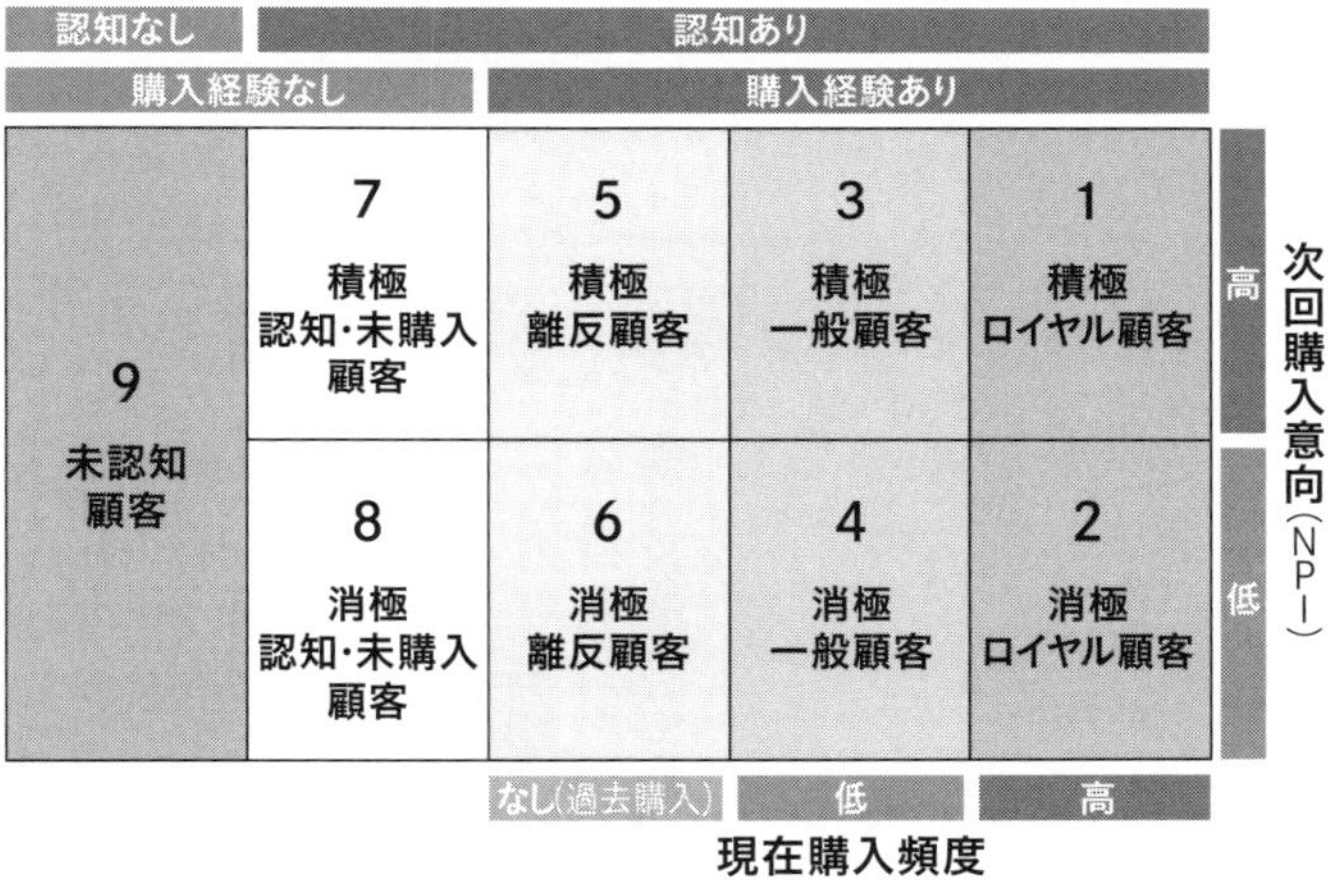

自社や競合の顧客層を9つの主要な顧客セグメントに分類するメソッド「9segs」

す。その分類に沿ってマーケティングで投資すべき顧客層を明確化し、マーケティング戦略の立案に生かすためのフレームワークです。

顧客層の分類の内訳は、まず大きく以下に5分類します。

・ロイヤル顧客：繰り返し商品を購入
・一般顧客：購入頻度は低いが継続購入
・離反顧客：以前は購入していたが今は購入していない
・未購入顧客：商品やブランドを認知しているものの購入経験がない

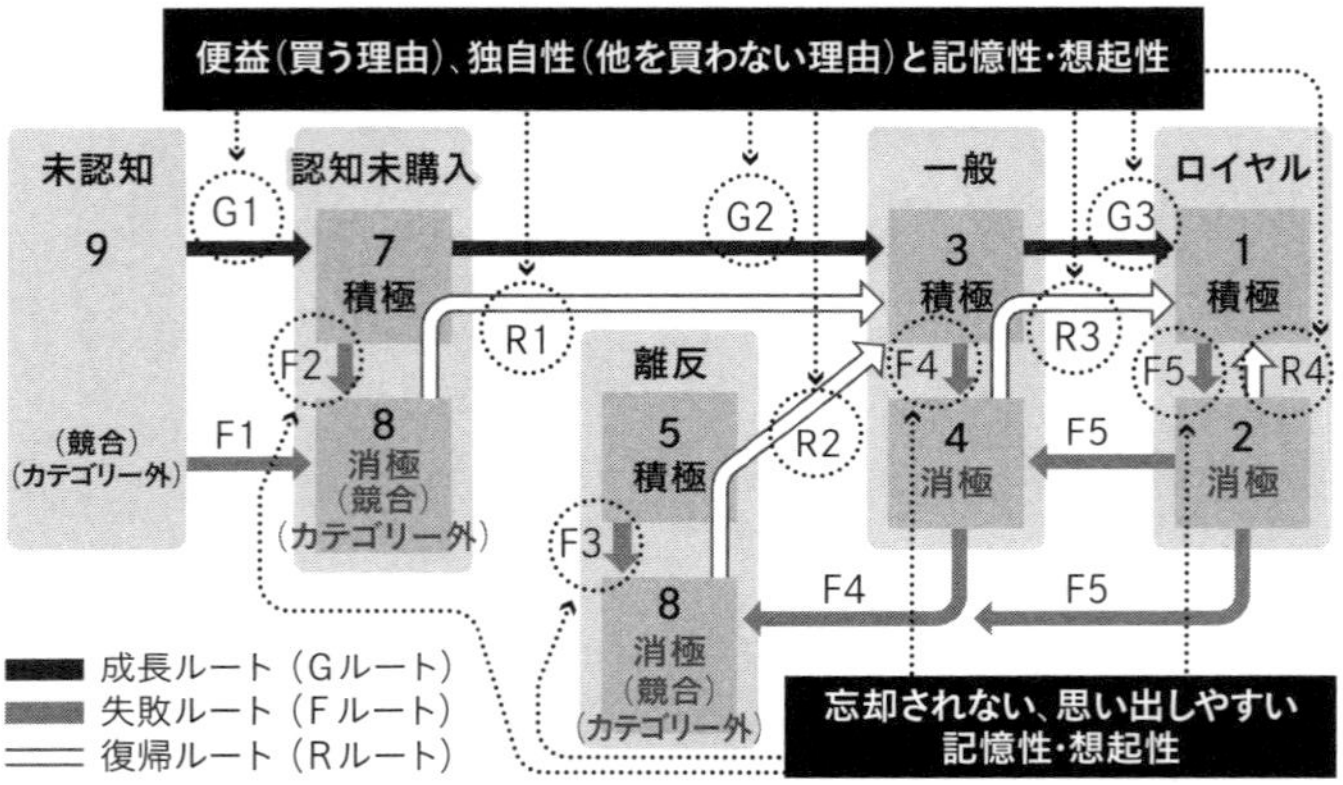

カスタマーダイナミクスで見ることで、ブランディングを実施する際、どの状態の顧客層にどんな影響を与えて、どんな結果（＝顧客の動き）を期待するのかが明確になる

・未認知顧客：認知、購入経験が共にない

これらの分類を次回購入意向（ＮＰＩ）、つまり商品・サービスを優先的に選択する意向の高低で「積極」と「消極」に２分類します。

例えば、購入経験があり、購入頻度と次回購入意向がともに高い場合は「（１）積極・ロイヤル顧客」に分類され、（１）よりも次回購入意向が低い顧客は「（２）消極・ロイヤル顧客」に分類されるといった具合です。ただし、認知がなく、購入経験がない層は全て未認知顧客に分類されるため、全部で９分類となります。

4 正しい「ブランディング」の実践法
～3つの目的で目標を定めて実行に移す～

顧客はこの9つの分類を絶えず移動し続けています。マーケティング活動によって、「(7)積極・認知・未購入」層が、「(3)積極・一般顧客」に移動するほど新規顧客を獲得できています、「(1)積極・ロイヤル顧客」にとどまる層が増えるほど、利益率が高まります。

これを踏まえ、ブランディングの成果を考えてみましょう。顧客の獲得という視点では、ブランドの想起率が高まり、ブランド力が強まるほど、特定カテゴリーの商品・サービスの購入を検討したときに、想起されやすくなります。

カスタマーダイナミクスのうち、「(7)積極・認知・未購入」層のブランド想起率が上昇すれば、「(3)積極・一般顧客」へと動く可能性が高まります。これがブランド力の向上における新規顧客獲得の動態(ダイナミクス)です。

また、「(3)積極・一般顧客」「(1)積極・ロイヤル顧客」にとって、ブランディングにより、自社ブランドの優先度が高まれば、消極に転落する離反防止につながります。これによる購入頻度や継続購入率が高まることで、LTV(顧客生涯価値)の上昇が期待できます。

このように、誰を対象に、どのような行動変化を起こしたいのかを明確に設定できていない、要件定義ができていないことがブランディングで失敗する大きな要因です。顧客と一言で言っても、ロイヤル顧客なのか、潜在顧客なのかで、商品・サービスに対する気持ちや、認識は異なります。

ミネラルウオーターの愛飲者と、「水道水」で十分だと考えている人を自社ミネラルウオーターブランドの顧客にするために提案すべき便益と独自性やその訴求軸は全く異なります。自社の顧客の状況をカスタマーダイナミクスに落とし込み、ブランディングでどのような成果を目指すのかという目的設計ができていれば、無駄な投資を防げます。

ブランディング実施の3つのステップ

これを3つのステップにまとめると、次のようになります。

ステップ1：商品・サービスの便益と独自性の明確化
ステップ2：その便益と独自性を「誰に」伝えたいのかを、カスタマーダイナミクスのフレームワークを用いて明確化する
ステップ3：対象者に便益と独自性を伝える上で最も適切な施策を検討する

ステップ1の商品・サービスの便益と独自性の明確化について、1990年代前半にあったヘアケアブランド「パンテーン」の成分にまつわる話をしましょう。

パンテーンといえば、「プロビタミンB5」という成分を具現化した黄色の透明な粒を活用したコミュニケーション施策をご存じの方は多いと思います。

そもそも、このプロビタミンB5は、「パンテノール」と呼ばれる成分で、パンテーンは、この成分を特徴として生まれてきたブランドです。私がパンテーンのアシスタントブランドマネジャーを務めていた当時は、ブランド名の由来であるパンテノール配合を訴求するコミュニケーションをしていました。また、透明の液体として映像化されていました。

ですが、パンテーンを継続購入するロイヤル顧客層の調査をする中で、パンテノールという成分に対する認知度の低さが浮き彫りになりました。洗髪後の洗いあがりがさらさらで、とてもいいため、「他の製品とは何かが違う」というのは実感してくれています。ですが、その理由としてのパンテノールの便益と独自性については伝わっていなかったのです。ブランド名の由来だとも認知されていませんでした。

一方、調査の中でビタミンという言葉に、非常にいい印象を持たれるロイヤル顧客が多いことを発見しました。パンテノールはビタミンB5になる前の成分で、プロビタミンB5の別名です。この発見から、プロビタミンB5という名称に変更することを思い付きました。併せて映像として透明な液体ではなく、黄色いビタミンの粒が髪の毛に浸透していくようなイメージ表現を使うことで、便益と独自性を象徴的に伝えることを狙いました。

当時、透明カプセルに入ったある化粧品ブランドの美容液が非常に売れていましたが、そこから着想を得た表現でした。

配合成分の名称をブランド名であるパンテノールから変更することに対して、社内からは反対意見が多く出ました。ですが、ビタミンをイメージさせる黄色い成分が髪の毛に浸透するという表現は、それまで認識されていなかったパンテーンの商品品質を表す上で、分かりやすく、納得性があるため、顧客に対するコンセプト調査の結果は圧倒的に好評価でした。

また、同様にパンテーンを販売して既に好調だった台湾のプロクター・アンド・ギャンブル（P&G）のチームから、「黄色い透明な粒の表現はいいと思う」との共感をもらっていたので、まずは日本で先行して「プロビタミンB5（パンテノール）」と併記するなど、段階的に変更を施しました。

テレビCMでも透明の黄色い粒を押し出すことを開始し、数年かけて、パンテーンの便益とその理由が効果的に伝わり、ブランドは継続的に成長しました。

注意点としては、このブランディングの3つのステップに用いた計画があったとしても、必要となる投資費用の算段がなく、投資対効果を見積もっていないケースが多くなることです。

例えば、商品名を変える場合、購入につながる便益と独自性、それらが連想されるネーミングの認知度を得る必要があります。潜在顧客5000万人と仮定してそのうち20%、つまり1000万人に事業上意味のあるブランド認知を獲得するためにテレビCMを使ったとすれば、その広告クリエイティブやプランがどれだけ優れていても、2024年の現代では10億円以上の投資が必要になるでしょう。

また、どれだけ急いで10億円を広告に投資したとしても、1000万人に浸透させるには、おそらく1年以上はかかります。テレビCMは出稿料が高額なため、ブランド認知を安価に行おうとデジタルメディアを活用したとしても、おそらく特定の顧客層に対して20%の意味ある認知度を獲得するには、同等の年月と費用が必要になる可能性が高いでしょう。

ブランディングの対象がサンプリング（試供品の無料配布など）や店舗などでの体験が可能なプロダクト（商品・サービス）だとして、同様に対象者の20%に体験してもらうには、どれだけの費用と時間が必要になるのでしょうか。

筆者の経験上、どれだけPR施策が成功し、メディアなどで取り上げられて、無償で

SNSなどでバズったとしても、テレビCMやデジタル広告への投資を超える速度で浸透することはありません。結果的に、同程度の時間と費用がかかります。

スマートニュースがアイコン変更を断念したわけ

筆者がニュースアプリを開発するスマートニュース（東京・渋谷）に在籍していたころ、アプリのアイコンが分かりにくいという意見を基に、変更を検討したことがあります。現在のスマートニュースのアイコンはニュースサイトを模したデザインですが、そこに人の顔を付けたり、有名デザイナーにサンプルをつくってもらったりする段階まで進めました。当時のスマートニュースの認知率は30％です。数値目標は、1年で認知率をその2倍の60％超まで高めることでした。

しかし、アイコンを変更するということは、既存の30％の認知を失うことになるため、再び獲得しなければなりません。そのために必要な費用を試算したところ、10億円をはるかに超える計算になりました。アイコンを変更したことで、既存顧客がスマートニュースを認識できなくなり、アプリの起動率が下がる恐れもありました。

これを検証するため、デジタル広告を活用してテストマーケティングを実施。変更前のアイコンと新しいアイコンを使った広告クリエイティブをつくり、新規利用者の獲得率で比較しました。

結果としては、新しいアイコン起用した広告は従来のアイコンを起用した広告クリエイティブに数値で負けていました。広告はサービスを認知すらしていない全く新しい利用者の獲得だけでなく、認知はしているもののアプリをダウンロードしたことがなかった潜在顧客の記憶を呼び起こす上でも重要です。

このテストにより、既存のアイコンで潜在的顧客の大きな認知率が積み上がっていることが明確になりました。新規利用者の獲得を目的としたマーケティングを実行する上でも、既存のアイコンを起用したほうが、高い効果が期待できることは明らかでした。

新しいアイコンは新規を獲得する上でも決して優位ではないのです。加えて、気を付けないといけないのは、離反後に戻ってくる顧客の存在です。例えば、スマホの機種や契約している携帯電話会社を変えた顧客は、知っているアイコンを見ることで、アプリの存在を思い出して、再インストールします。このとき、新しいアイコンに変わっていると、サービスを認知できず、完全な離反につながる恐れがあります。

サービスの認知度を高めていく上で、デザイナーにつくっていただいたアイコンのサンプルに大きな可能性を感じていました。これから新たに導入するブランドであれば、変更したかもしれませんが、スマートニュースは投資対効果が得られる変更のタイミングは既に過ぎていました。結論としては再び既存の認知度を獲得するコストと既存顧客の離反リスクのほうが大きいと判断し、そこまでの投資をすべきではないと判断しました。

一方で変更したのが、サービス名を表記する言語の変更です。それまでは「SmartNews」と英語表記でしたが、これをカタカナ、もしくは併記に変更しました。この変更の決定に対して、当然社内からは「かっこうが悪い」「前のほうがいい」といった意見が出ました。

ですが、よくよく考えてみてください。アラビア語やスワヒリ語でブランド名を付けたら、日本人は正しく読み、その商品・サービスの価値を理解できるでしょうか。読めない方がほとんどです。正しく読めて、商品・サービスが持つ便益や独自性が直感的に伝わるほうが、マーケティングでは重要です。英語は日本人が中途半端に読めるため、このような勘違いを生みやすい傾向にあります。

これも導入前にテストをしました。アイコンと同様に英語表記とカタカナ表記の両方で広告クリエイティブをつくり比較したところ、CPA（顧客獲得単価）の効率性はやはりカタカナ表記に軍配が上がりました。そこで、スマートニュースでは広告を含めた顧客とのコミュニケーションは全てカタカナ表記、または併記にしました。

高級ブランドであれば、自分が持っているバッグに記載されているブランド名そのものが所有欲を満たしてくれるなど、情緒的な価値を生み、便益になるため表記は重要です。そのため、カタカナ表記のないまま英語表記やフランス語表記を使う意味がありますが、ニュースアプリはそのような情緒的価値よりも、サービス名を正しく読めて、価値につながる可能性のある便益や独自性を示唆すること、すなわちブランディングの第1の目的がはるかに重要だと判断しました。

BtoBでもブランディング投資で大きな成果

BtoB（企業間取引）事業は、多様な顧客ニーズに対応するため、プロダクト（商品・サービス）が提供する機能が非常に多く、訴求すべき便益や独自性の絞り込みが難しい場合が多いです。

一方で。顧客企業の数自体は特定かつ少数なため、テレビCMなどのマス媒体の活用は不向きとされています。業界の専門媒体、展示会、PRのリリースや日々の営業活動を通じて認知獲得を行うことが日々のマーケティング活動であり、どんなに優れたプロダクト（商品・サービス）であっても、顧客の開拓に時間がかかる傾向があります。

機械部品の製造販売を手掛けるミスミの「meviy（メビー）」というサービスは、このよ

ミスミは2021年、3D CADデータをアップロードするだけで、AIが加工工程を算出し、価格と納期が表示されるサービス「meviy（メビー）」のテレビCMを放送した

うなBtoB特有の課題を克服し、21年12月からテレビCMや「YouTube」に投稿した動画コンテンツを積極的に活用した型破りなブランディングを展開し、短期間で急速な事業成長を実現しました。

メビーのブランディング強化は、テレビCM放映から始まりました。BtoB企業がテレビCMを放送するケースは珍しくありません。ですが、大半は社名を中心にアピールするコーポレートブランディングです。これは本章で紹介した、ブランディングの第3の目的である「働くモチベーションの強化とリクルーティングへの貢献」を目指しています。

それに対して、ミスミが放送したテレビCMはサービスであるメビーそのものを潜在クライアントに訴求する内容です。ブランディングの第1の目的に当たります。

メビーは設計者がつくった複数の部品の3D CADデータをまとめてアップロードするだけで、AI（人工知能）が加工工程を算出し、瞬時に価格と納期を示されます。それを基に発注するだけで、工場で加工機が工作機械が即時に製造を開始。最短1日で出荷される仕組みです。

この利便性を一度体験すると、非常に満足度が高い便益を持ち、他社にない独自性を持つ圧倒的に強い製造業向けのDX（デジタルトランスフォーメーション）支援サービスです。この強みを端的に伝えれば、顧客を一気に獲得できる可能性を秘めていました。

ミスミグループの吉田光伸常務が率いるメビーチームはPR、セミナー、展示会出展、営業強化など様々な施策を実行していたものの、認知形成を一気に進めることができず、そこに大きなマーケティング課題を感じていました。こうした中、競合企業の営業活動が激しくなってきていました。

メビーの機能は非常に優れており、一度、試してもらえれば大きな満足と継続使用につながることは分かっていました。そこで、認知形成の早期化を図るべく、ＢｔｏＢの定石を超えて、あらゆるマーケティングの可能性を探りました。その結果、認知形成から顧客獲得までを視野に入れた、第１の目的のブランディングを狙い、テレビＣＭの放映に挑戦することにしました。

大きな投資が伴うため、費用が大きくなる関東以外のエリアで事前にテスト運用し、効果検証しながら拡大する計画です。

テレビＣＭは短い放送時間でサービスの名称と便益を一気に覚えてもらわなければなりません。そこで吉田常務やマーケティングメンバーに加え、広告代理店、営業担当部門と直接議論し、まずはメビーの多岐にわたる機能便益を、どのようにシンプルかつ、多くの顧客層に響くように訴求すべきかを探りました。

対象顧客企業はどのような業種か、どういう部品が対象か、どういう場面で使えるのかなど、ニーズは何十パターンもあります。多種多様なことができるため、切り口は多い。ですが、ブランドの全体認知を上げることが先決だと考えました。

悩んだ結果、どのクライアントにとっても象徴的なメビーの便益は、オンライン上で３Ｄデータをアップロードすると瞬時に見積もりができるという機能だと結論付けました。それを「１分」という言葉に置き換え「３Ｄデータまとめて１分見積もり」というコピーが生まれました。

次にこのコピーをいかにして、ブランド名と結びつけるかです。もともとメビーのロゴはありましたが、英語表記が大半でした。meviyという表記では直感的に読みづらく、記憶にも残りにくい。そこで、これをスマートニュースと同様にカタカナ表記へと変えました。

さらに、音としても記憶に残すためにどうすればいいかを検討する中で、クリエイターから出てきたのが、サービス名の発音を「なまらせる」というアイデアです。

このなまり気味にメビーと発音する手法について、筆者はそこまで必要なのかという印象を受けました。ですが、貴重なテレビＣＭの予算を最大限に活用するためにも、音感として強く記憶に残すには、これぐらい大げさにやるべきだというクリエイターの熱い意見に納得し、採用しました。

21年にテレビＣＭを放送した後、効果測定のために放送10分以内のサービス名での検索数がどれぐらい増えているか、放送地域でのサービスの認知率が上がっているのかといった定量データの分析を継続的に行いました。その結果、期待通りに認知度は上昇し、22年には、潜在顧客の母集団とも言える製造業従事者における、メビーの認知度が10％上昇しました。

検討初期には、テレビＣＭへの投資に懐疑的な声もありましたが、営業対象企業の担当者経由でテレビＣＭを見たという言葉を得られ、それを皮切りに営業トークを始められるなど、短期的に営業が効果を実感できました。

また、テレビCMを見た人やクライアントでも、「メビー」となまったイントネーションでまねをする現象が起こりました。これは認識がされた、つまりブランディングが強化された状態になったことを示唆します。クリエイターが出したアイデアの狙い通りの結果になりました。

テレビCMでは認知未購買層だけでなく、未認知層の潜在顧客の両方の認知形成から獲得を狙いました。ミスミはサービスの生産や開発、営業の革新と併せてテレビCMを実施することで、メビーの利用者を6万人から、24年10月時点で17万人まで、急成長させました。

多くの企業は自社の商品・サービスの便益と独自性を見いだし、それを消費者が忘れないようにする活動が「ブランディング」の最も大きな目的です。ですが、ブランディングの定義が曖昧なせいで、ブランディングとは情緒的、感情的な印象を与えるための活動だという誤解が広がっています。

本章で解説した通り、目的設計がしっかりしていれば、顧客の獲得や離反防止など、マーケティング上、大きな成果をもたらす可能性をブランディングは秘めています。また、ブランディングは測定が難しいとされていますが、目的設計さえ明確であれば、効果測定も可能です。

第5章では、ブランディングの測定手法について、スニーカーブランドをテーマに解説します。

第5章

「ブランディング測定指標」の誤解

〜事業成長と密接なブランディングの指標とは何か〜

順位	ブランド名	
1	New Balance（ニューバランス）	47.7%
2	Nike（ナイキ）	40.8%
3	CONVERSE （コンバース）	28.6%
4	adidas（アディダス）	28.2%
5	ASICS（アシックス）	23.8%
6	PUMA（プーマ）	18.6%
7	Reebok（リーボック）	18.3%
8	Vans（ヴァンズ）	17.2%
9	MIZUNO（ミズノ）	16.3%
10	UNDER ARMOUR（アンダーアーマー）	12.9%
11	FILA（フィラ）	7.3%

2021年12月にスニーカーブランドに関するインターネット調査の結果に基づくランキング（n=8244、20～69歳男女）

まずは、上のランキングをご覧ください。国内で流通する11のスニーカーブランドに関して、２０２１年12月に筆者が実施したインターネット調査の結果に基づくものです。なお、調査対象の11ブランドは支援先ではなく、第三者の立場で実施しました。

1位は「ニューバランス」で47・7％とほとんど半数に近い数値となっています。続いて2位は「ナイキ」で40・8％、3位が「コンバース」で28・6％、以下「アディダス」「アシックス」が並びます。これが何の数値に基づくランキングがお分かりになりますか。

5 「ブランディング測定指標」の誤解
〜事業成長と密接なブランディングの指標とは何か〜

答えは、「各ブランドの既存顧客に対して『次も同じブランドを買いたいか（次回購入意向）』を尋ねた結果」です。

例えば、ニューバランスでは、同ブランドのスニーカーを所有している既存顧客のうち、47・7％が「次も同ブランドを買いたい」と答えました。ランキング上位のブランドはいずれも、既存顧客が「リピート購入する確率が高い」ブランドと言えます。

この割合が高いほど、いわゆるロイヤルティーが高く、売上高・利益の面で安定的なブランドというわけです。逆に低いブランドは、既存顧客の離反リスクが高い状態です。

次に、もう一つの指標を先ほどのランキングの項目に加えました（134ページ表）。こちらも1位と2位は変わりませんが、3位はアディダス（12・0％）になりました。ただ、1位のニューバランスでも18・1％で、全体的に最初の指標よりも数値が低くなりました。

こちらは調査対象者全体における、「次回購入意向」を示した人の割合です。ブランドは

ブランド名	u-NPI	NPI
New Balance（ニューバランス）	47.7%	18.1%
Nike（ナイキ）	40.8%	17.6%
CONVERSE（コンバース）	28.6%	7.8%
adidas（アディダス）	28.2%	12.0%
ASICS（アシックス）	23.8%	5.1%
PUMA（プーマ）	18.6%	3.9%
Reebok（リーボック）	18.3%	2.4%
Vans（ヴァンズ）	17.2%	2.7%
MIZUNO（ミズノ）	16.3%	3.0%
UNDER ARMOUR（アンダーアーマー）	12.9%	1.2%
FILA（フィラ）	7.3%	1.1%

先ほどのランキングに新たな項目（NPI）を追加した。こちらでもニューバランスが1位だが、3位にはアディダスが付けている

認知しているものの、購入経験がない層の数値が高ければ、潜在的な新規顧客を多く抱えていると読み解けます。ブランドに対して良いイメージや評判が認識されており、ただ知っている人よりも「購入を見込める見込み顧客」である可能性が高いと考えられます。

この調査対象者全体における「次に買いたい人」の割合を、「NPI（ネクスト・パーチェス・インテンション＝次回購入意向）」と呼びます。また、本章の最初に紹介した「既存顧客における『次も買いたい』人の割合」は、「u-NPI（ユーザー・ネクス

5 「ブランディング測定指標」の誤解
〜事業成長と密接なブランディングの指標とは何か〜

ト・パーチェス・インテンション＝顧客内次回購入意向）」と呼びます。

ＮＰＩは筆者が提唱した指標で、筆者が創業したＭ－Ｆｏｒｃｅ（東京・港）を主体とし、研究と活用が進められています。Ｍ－Ｆｏｒｃｅと調査会社のマクロミルによる2年にわたる追跡調査を実施した結果、ＮＰＩは認知度や好感度などの指標と比べて、事業成果であるマーケットシェア拡大に対してより有効な先行指標となることが示唆されています（Ｍ－Ｆｏｒｃｅは、24年7月にマクロミルへ売却し、マクロミルの１００％子会社となっている）。

「ブランディング」は効果測定が可能なのか

本章で掘り下げたいのは、多くのマーケターが課題を抱える「ブランディングの測定指標」です。

かつて、筆者もブランディングの測定指標に悩んできました。一般的にブランディングの指標としては認知度、好感度、NPS（ネット・プロモーター・スコア）などがよく使われます。ただ、これらの数値が高くなっても、必ずしも事業がうまくいくわけではありませんでした。

そのため、プロクター・アンド・ギャンブル（P&G）に勤めていたころからずっと「ビジネスの今後を予測できるような先行指標がほしい」と考えていました。

本書の第1章でも触れましたが、ブランディングの成功例として一般的に語られるのは、どれも既に成功したブランドであり、第三者による後解釈がほとんどです。

成功しているブランドは、結果として好感度や各種イメージの指標が高いため、それらの指標を高めれば売れるという誤解を招いています。〝ブランディング活動〟と称して、ブランドに対する認知度や好感度を獲得するための広告などを出稿し、狙い通りに認知度や特定のイメージが向上したとしても、ビジネスの結果に反映されるとは限りません。認知度、好感度、NPSは高まったものの、売り上げは変わらないというケースを数多く見かけます。

たどり着いたブランディングの新指標

ブランディングが、事業成長のために行うマーケティング活動の一つならば、当然ブランディングの成功は、事業成果に反映されるべきです。

「ブランドが強い」「ブランディング投資をした」と話す一方で、売り上げや利益につながらないという事態は本来あってはなりません。そう考えて、新しい指標も模索した末に、NPIの発案に至りました。

NPIは対象マーケットの顧客全体での、u-NPIはそのブランドの既存顧客の中での次回購入意思を数値化したものです。事業とは新規顧客を増やしながら、既存顧客の継続率を向上させ、離反率を下げることで、積み上げ式に成長するもの。NPIが高ければ高い投資対効果で新規顧客の開拓が見込め、u-NPIが高ければ離反を招きにくい。そのため、売り上げと利益が積み上がるブランドの成長性を示す先行指標になり得ると考えました。

この指標は19年に拙著『顧客起点マーケティング』（翔泳社）で発表し、その活用は海外にも広がっています。今のところビジネスの先行指標としてNPIを越えるものは見つかっていません。筆者が代表を務める会社（Wisdom Evolution Company）では、ブランディングの指標としての有効性を引き続き研究しています。

NPIの優位性をNPSと調査データで比較

まずは、NPSとNPIを比較しながら、NPIの優位性について解説します。NPSとは顧客ロイヤルティーを測る指標であり、特定のブランドやサービスを他人に推奨する意欲を評価するものです。顧客に対して「対象の商品・サービスを他の人に薦めたいか」を尋ね、0から10の評価を基に「推奨者（9～10点）」「中立者（7～8点）」「批判者（0～

5 「ブランディング測定指標」の誤解
～事業成長と密接なブランディングの指標とは何か～

6点）」に分類し、推奨者の割合から批判者の割合を差し引いた数値がNPSです。この数値が高いほど、顧客がブランドを他人に薦める意欲が高いことを示します。

一方、NPIは、消費者や顧客が次回もそのブランドの商品を積極的に選ぶかどうかを測る指標です。本書でも繰り返し登場する顧客分類のメソッド「9segs」に基づき、顧客を次回購入意向の高さで9分類します。その中でも高い意向を示す顧客層の割合を計算することで、算出されます。つまり、NPIは「消費者や顧客が次もそのブランドを選ぶ可能性が高いかどうか」を示す指標です。

NPSは、商品・サービスを第三者に推奨する度合いを示しますが、実際の購入行動とは必ずしも一致しないことが調査結果で示されています。例えば、高級車などのように、薦めたいと思っても、自分では購入しないケースがあるため、推奨意向と実際の購入行動にギャップが生じます。

	金額シェア		
	2020年1月1日〜12月31日	2020年7月1日〜21年6月30日	2021年1月1日〜12月31日
		半年後	1年後
NPI	0.659	0.692	0.713
認知	0.508	0.528	0.526
好感度	0.467	0.499	0.506
満足度	0.339	0.384	0.395
NPS	0.265	0.263	0.276

6カテゴリー、54ブランドについて、2020年12月に調査で取得した認知度、満足度、好感度、NPS、NPI（次回購買意向）と半年後と1年後の金額シェアの相関を調査した結果、NPSは最下位となった

そこで、NPIの優位性を検証するため、M－Forceとマクロミルで6カテゴリー・54ブランドに対する調査を実施しました。調査では対象カテゴリーとブランドのそれぞれで、20年12月に実施した調査で取得した認知度、満足度、好感度、NPS、NPI、半年、1年が経過した後の金額シェアの相関を調査しました。これらのマーケティング指標と市場シェアを、半年後、1年後でそれぞれで比較して相関関係を分析しています。相関性が高いほど、未来の市場シェアを予測する有効な先行指標だと言えます。その調査結果が上表となります。数値が1に近づくほど、相関性が高くなります。

半年後、1年後の市場シェアとNPSを比較し

た結果、相関係数は0・276と最下位でした。これは、NPSが高くても、顧客自身がその商品やサービスを継続的に購入するかどうかには大きく影響しないことを示しています。

一方で、NPIは市場シェアとの相関性が高く、1年後の相関係数は0・713と最も高い数値を示しました。これは、NPIが市場シェア拡大の先行指標として有効であることを示しており、ブランドの強さや成長性を見極める上で重要な指標として活用できることが証明されています。さらに、u－NPIについても同様に、リピート率や購入頻度と強い相関を示しており、NPSとは対照的に、実際の購入行動に密接に関連する指標であることが明らかになっています。

優良顧客分析でも、NPSは相関性が最下位に

また、本調査では継続的に商品・サービスを購入する、優良顧客に焦点を定めたu－NPIと満足度、NPSとの比較も実施しました。NPIは商品・サービスを認知している層の全

体から、次回購入意向が高い層を全て足し合わせて算出するため、離反顧客や対象商品・サービスの購買経験がない層も含まれます。一方、u－NPIは日ごろから商品・サービスを購入している「一般顧客」「ロイヤル顧客」を対象に、次回購入意向が高い層だけを足し合わせて算出します。つまり、顧客全体に占める、継続購入が見込める人の割合を示しています。

これを同様に商品・サービスの半年後、1年後のリピート率や購入頻度の総合指標である「金額SOR（シェア・オブ・リクワイアメント）」の推移と比較しました。金額SORとは特定のカテゴリーの消費金額に占める、商品・サービスの割合を表します。例えば、ビールに年間1万円を使う層の中で、アサヒビールの「スーパードライ」が占める割合と説明すると分かりやすいかと思います。結果として、u－NPIが最も相関性が強く、1年後の相関係数は0.653となり、一方、NPSは0.154でこちらでも最下位となっています。

	金額SOR		
	2020年1月1日〜12月31日	2020年7月1日〜21年6月30日	2021年1月1日〜12月31日
		半年後	1年後
u-NPI	0.619	0.644	0.653
満足度	0.043	0.131	0.156
NPS	0.079	0.134	0.154

6カテゴリー54ブランドについて、20年12月に調査で取得した満足度、NPS、u-NPIと半年、1年経過後の金額SOR（シェア・オブ・リクワイアメント）の相関を比較したところ、こちらでもNPSが最下位となった

NPIは次回購入意向を測ることで、顧客が次回もそのブランドを選ぶ可能性が高いかどうかを評価し、市場シェアやリピート購入率との相関性が高いため、事業成長の予測においてNPSよりも優れた指標となります。このため、NPIはブランドのロイヤルティーを評価する上で、より正確で実用的な指標として優れた結果を示しています。

筆者は、これまでに40社超の経営サポートと投資活動に関わってきましたが、将来のビジネスを事前予測をする指標としてのNPIおよびu-NPIに手応えは実感していました。この客観的な追跡調査で、将来の予測指標としての有効性が確認され、より多くの企業で広く活用されるのではないかと思います。また、事業の将来性に

関する投資家の評価方法として活用される可能性もあると考えます。さらに、投資活動が、顧客の心理と行動にどのような変化をもたらしているかにいち早く気付くことで、継続的な収益性向上が実現できると確信しています。

NPIおよびu－NPIをビジネスの先行指標とすれば、本章の冒頭で紹介したスニーカーブランドの調査において両指標とも高かったニューバランスや他の上位ブランドは、その後の成長性が高かったと推察できます。

また、男女別のスコアの比較や、本調査で同時に尋ねた各ブランドのイメージ（※履き心地が良い、疲れにくい、足へのフィット感がある、デザインが良い、など）と購入時に重視する項目（※に同じ）のスコアを比較することで、次の打ち手のヒントを得ることができます。調査結果について詳しく解説していきます。

NPIやu-NPIの高低で導き出すブランドの現状

まず、この調査をどのような設計で行ったか、調査概要を改めて紹介しましょう。本調査は21年12月にインターネット調査を実施。20～69歳の男女計8244人から有効回答を得ました。具体的には、11のブランドについて、以下の項目を尋ねました。ただし、（6）は共通して一度の回答のみとしています。

（1）ブランド認知の有無
※以下（2）～（4）は、「知っている」と答えた人のみが対象
（2）購入経験の有無
（3）購入頻度（直近での購入を「3カ月以内」から「5年以上前」の8段階、購入頻度を「1年に3足以上」から「5年に1足未満」の7段階で尋ね、それらを組み合わせて離

反、一般、ロイヤルに分類）

（4）次回購入意向（NPI）の有無

（5）そのブランドにどのようなイメージを持っているか（履き心地が良い、デザインが良い、など、計29項目から複数回答）

（6）スニーカーの購入時にどのような項目を重視しているか（同上、計29項目から単一回答）

このうち（1）〜（3）は、対象とする顧客全体を「未認知層／認知未購入層／離反層／一般顧客／ロイヤル顧客」の5分類に分けるメソッド「5segs」作成時の質問項目です。さらに（4）でNPIの軸を加えて合計9分類にしたものが「9segs」ですが、まずは5segsとNPI、u-NPIをベースに解説します。

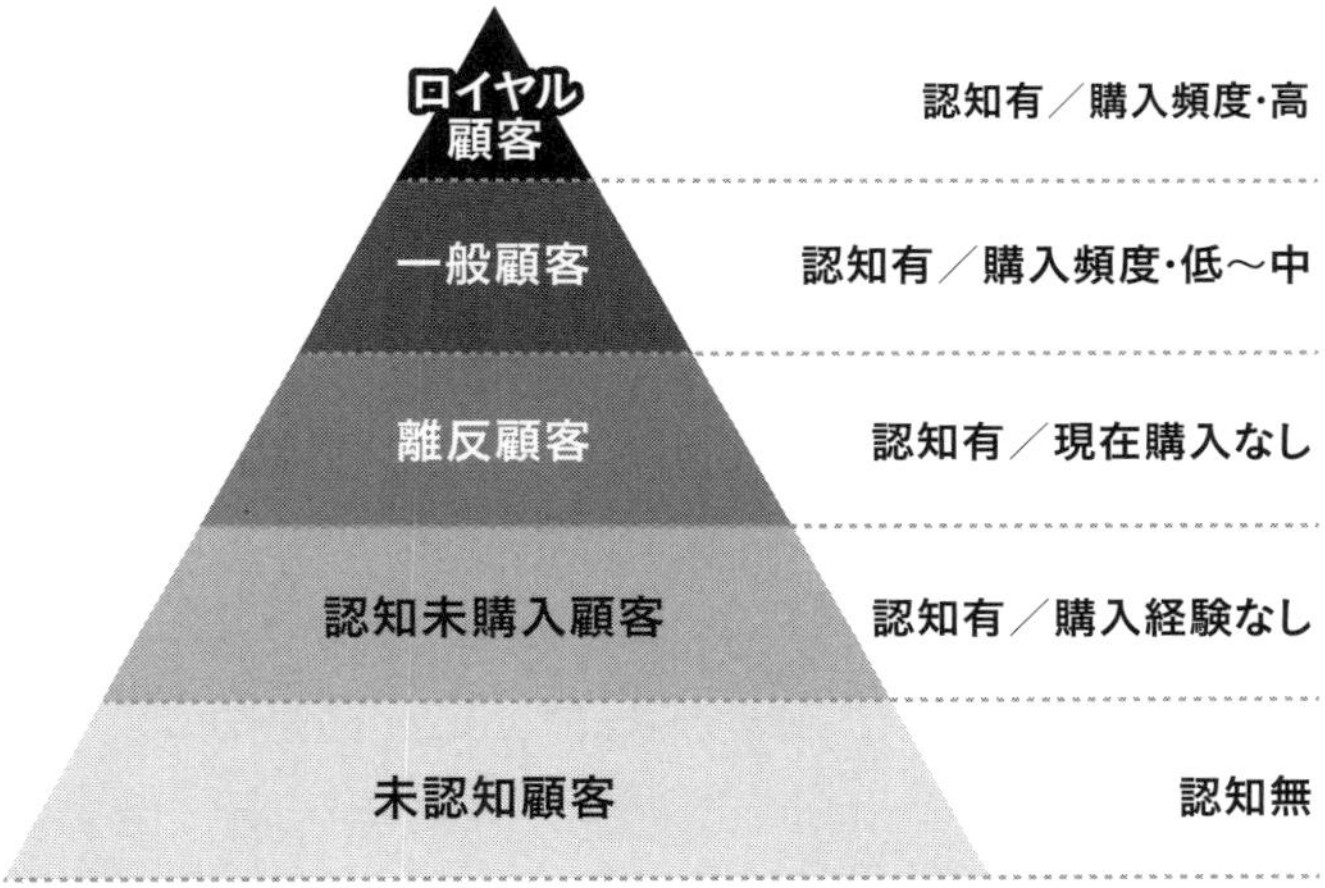

顧客全体を「未認知層／認知未購入層／離反層／一般顧客／ロイヤル顧客」の5層に分けるメソッド「5segs」

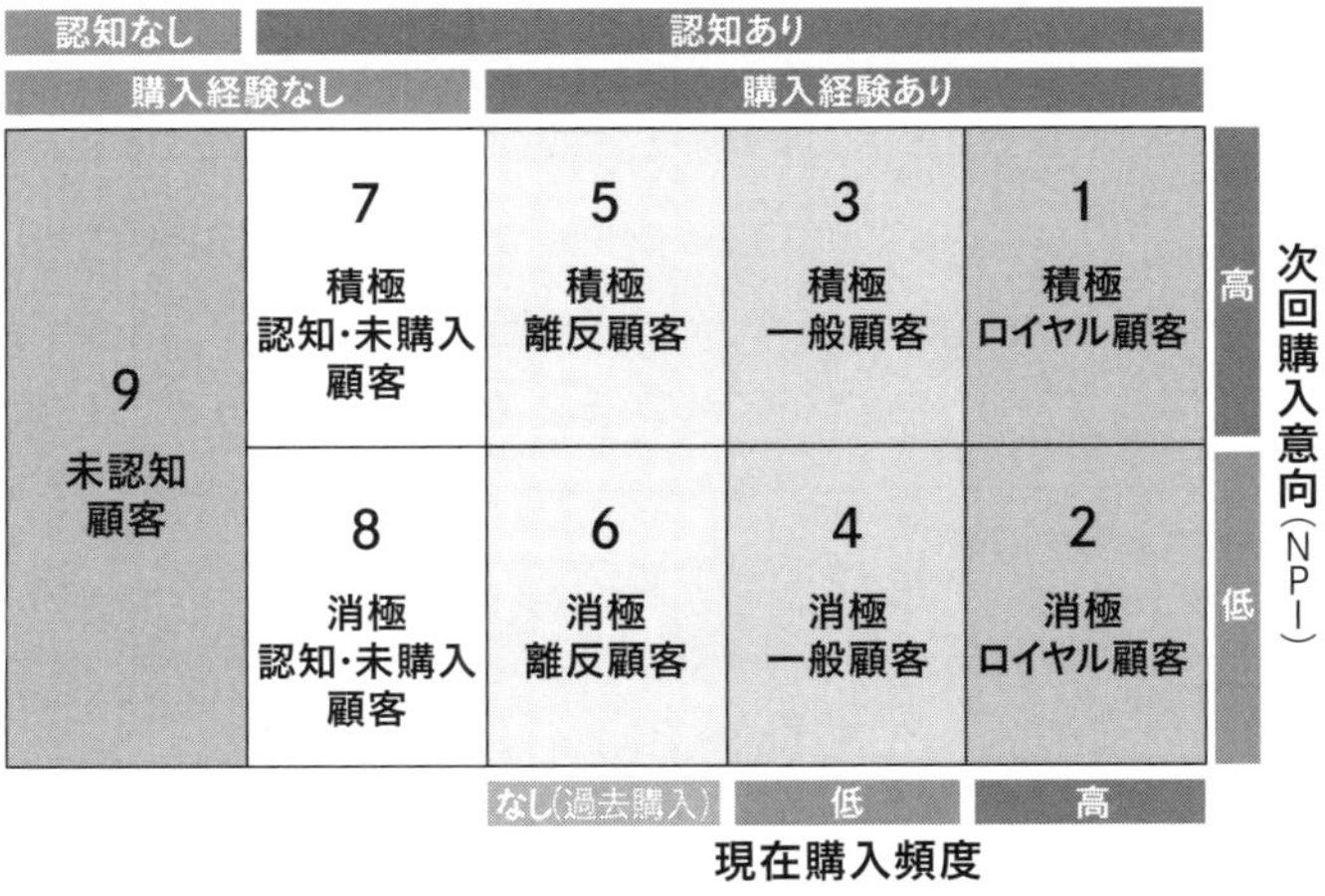

5segsから次回購入意向（NPI）を基に、顧客層を9つに分類する「9segs」

ブランド名	未認知	認知未購入	離反	一般	ロイヤル	u-NPI	NPI
New Balance（ニューバランス）	18.1%	32.9%	26.2%	17.4%	5.5%	47.7%	18.1%
Nike（ナイキ）	8.5%	31.7%	32.9%	19.9%	6.9%	40.8%	17.6%
CONVERSE（コンバース）	18.7%	30.0%	36.9%	11.2%	3.1%	28.6%	7.8%
adidas（アディダス）	9.2%	29.5%	34.5%	20.6%	6.1%	28.2%	12.0%
ASICS（アシックス）	14.4%	45.0%	27.8%	9.8%	3.1%	23.8%	5.1%
PUMA（プーマ）	12.6%	43.5%	30,4%	10.6%	2.9%	18.6%	3.9%
Reebok（リーボック）	29.5%	42.6%	20.5%	5.9%	1.5%	18.3%	2.4%
Vans（ヴァンズ）	43.9%	32.2%	14.8%	7.1%	2.0%	17.2%	2.7%
MIZUNO（ミズノ）	14.7%	51.2%	24.8%	7.0%	2.3%	16.3%	3.0%
UNDER ARMOUR（アンダーアーマー）	45.4%	45.8%	3.3%	4.1%	1.4%	12.9%	1.2%
FILA（フィラ）	23.9%	56.8%	13.7%	4.4%	1.3%	7.3%	1.1%

各ブランドのNPIを、対象とする顧客全体を「未認知層／認知未購入層／離反層／一般顧客／ロイヤル顧客」の5層に分ける分析手法「5segs」ごとに算出した

（1）～（4）の結果は、右図の通りです。

ニューバランスの「未認知」は18・1％となっていますが、これは調査対象８２４４人のうち、ニューバランスというブランドを知らない人の割合を示しています。「ロイヤル（５・５％）」は、全体のうちで半年以内に再購入した人の割合で、ヘビーユーザーと見なします。

ＮＰＩは全体のうちで「次は（次も）、対象ブランドを買いたい」と答えた人の割合です。そもそもブランドを知らない未認知の人からは回答を得られませんが、分母には未認知も含んでいます。

また、ｕ－ＮＰＩは、現在の顧客である一般とロイヤルの人の中で次回購入意向が高い層の割合を足した値です。ｕ－ＮＰＩがどれだけ高くても、そもそも認知度が低ければ、全体における未認知の割合が大きくなるためＮＰＩは相対的に低くなります。

ブランドに対して、何らかのプラスの心理変化を起こし、事業成長に寄与する活動をブランディングだとするならば、その心理変化は近い将来に購入行動につながるはずです。ブランディング活動の結果、NPIやu-NPIが向上すれば、購入行動につながる心理変化を起こせたと見なせます。

逆に、ブランドの認知度や好感度が高まってもNPIが向上しなければ、直接的には購入に結びつきにくかったと推察できます。もちろん、目的が単純に「認知度の向上」だけであれば問題ありませんが、その場合は別の施策で直接的に購入意向を高めなければ、事業成果にはつながりません。ブランド名は知っているが、買いたいとは思わない顧客が増えるだけです。そう考えると、単純な認知度の向上はビジネス目的としては不適切です。

NPI、u-NPIの高低から、ブランドがどのような状態にあるかを4象限に整理しました。顧客分類とNPIの軸を組み合わせた調査は、各セグメントのNPIの比較や競合との比較を通して、自社や競合の強みや弱みが見え、様々な仮説のヒントになります。

NPIの割合 ＼ u-NPIの割合	低	高
高	・既存顧客のリピートが見込めず、一過性の消費になりやすい ・市場全体の期待は高いため、一定の新規流入は見込めるものの、離反しやすく顧客の入れ替わりが激しい ・広告やPRに多額を投資し、市場の期待は高めたが、商品自体の魅力が薄い場合に起こりやすい	・既存顧客の維持率が高く、継続的な利益の獲得が見込める ・かつ、市場全体の購入意向も高いため、新規顧客の獲得がしやすく、CPA（顧客獲得単価）も低く抑えられる ・既存顧客の離反を上回る新規顧客獲得と高い定着率が見込める理想的な状態
低	・既存顧客のリピートが見込めず、新規顧客の獲得も期待が薄い ・市場全体の期待が低いため、新規顧客獲得と既存顧客の維持の両方に大きな課題がある	・既存顧客の維持率は高いため、一定期間は継続的な利益の獲得が見込める ・市場全体での購入意向は低いため、CPAは高くなる傾向があるが、一度購入されれば定着する可能性は高い。未購入層のNPIが低いままだと、ニッチ化する可能性がある

NPIとu-NPIの両方が高いと、既存顧客の離反を上回る新規顧客を獲得でき、かつ継続率は高いため中長期的に利益を得られる理想的な状態だ

当然、NPIとu-NPIがともに高い状態が理想的です（上図の右上の枠）。もしNPIは低いものの、u-NPIが高い場合（同右下枠）は、既存顧客のリピート意向が高いため一定期間は事業の安定が見込めます。ただし、未購入層の次回購入意向が低いため、新規顧客の獲得が見込みにくく、ブランドがニッチ化する可能性が高まります。

対策としては既存顧客の

満足度は高いため、その理由を突き止められれば、その価値を未購入の方々にアピールすることで新規顧客化が見込める可能性があります。

なぜ「ブランディング」だけが取り残されたのか

一般的にブランド価値がどのように評価・計測されているのか、少し触れておきます。一つは「ブランドエクイティ」調査が挙げられます。その定義や要素については第3章で解説しました。ブランドエクイティをどれだけ確立できているかを測る指標として、主にNPS、財務情報、各社独自の複雑なアルゴリズムを用いた「ブランドエクイティ指標」などが使われます。

ただ、ブランドエクイティの概念は複雑かつ、事業主側の期待するイメージ、実際の顧客が認知しているイメージ、顧客が購入に当たって重要視するイメージなどが混在して使われることが多く、経営陣には有効に活用されないことが多いです。結果、ブランドエク

5 「ブランディング測定指標」の誤解
〜事業成長と密接なブランディングの指標とは何か〜

イティの複雑な評価を飛ばして、ブランド価値の測定に単純なＮＰＳや認知度、好感度を用いることが多いです。あるいは顧客が重要視するかどうかの検証なく、「先進的」「親しみやすい」といった、自社ブランドに込めたイメージがどれだけ市場に浸透しているかというイメージ調査が行われています。

しかし、これらの指標は、事業成果とは因果関係と相関関係のどちらも証明されていません。また、因果関係があったとしても、それが新規顧客の獲得なのか既存顧客のロイヤル化のどちらに効果的かが判別できないため、施策に生かすヒントになりづらいです。実際に新規顧客を獲得し、既存顧客を育成するという事業成長のためのアクションに生かしきれていないというケースは多いのです。

そもそも、企業側の「こういうイメージを持ってほしい」というエゴや願望軸になっている点も課題です。

デジタルマーケティングの浸透によって、ＣＶＲ（コンバージョン率）やＣＰＡ（顧客獲得単価）などの指標が広く使われるようになり、経営者からはマーケティング活動のＫＰＩ（重要業績評価指標）を厳しく追求されるようになっています。それなのに、ブランディングの領域は依然として評価が難しいとされ、まるで芸術分野のように扱われ、ビジネスへの直接貢献の議論が許されない〝聖域〟になりがちです。

ブランド価値が向上したかどうかの証明が容易でないことは、筆者も30年以上の実務経験で痛感しています。ですが、それが「売り上げや利益に結びついたか」の検証をしなくていい理由になるとは思いません。

大きな変化があるのは、テレビＣＭの効果検証です。長らく、テレビＣＭ投入後のブランド名の認知率の上昇が「テレビＣＭのブランディング効果」とされてきましたが、それは不適切な検証です。しかし、スマートフォンの急速な普及とデジタル技術の進化で、より直接的に顧客の行動を捕捉可能になりました。

テレビＣＭを見て商品に興味を持った人は、すぐにインターネットで検索します。興味がなければ、検索すらされません。このデータがあれば、テレビＣＭの放送による、自社

5 「ブランディング測定指標」の誤解
～事業成長と密接なブランディングの指標とは何か～

サイトのアクセスの増減などから、最終成果であるコンバージョンまでをつなげて費用対効果を捉えることが可能です。

一方で、量的アンケートから得られるＮＰＩは、これまでの調査からマーケットシェアと相関が出ており、かつ半年後や1年後だと統計的優位性がより高くなる傾向がデータとして出ています。顧客の心理変化がまずあって、時間とともに購入行動につながっていると考えられます。

つまり、1年半前の調査実施時点でＮＰＩ、ｕ－ＮＰＩともに高いニューバランスは、現在では他ブランドよりビジネスが伸びている可能性が高いと推察できます。そこで、ニューバランスジャパン（東京・千代田）のマーケティング部ディレクターの鈴木健氏に協力を得て、これを検証しました。

「事業成長の先行指標」としてNPIの有効性を検証

まずは、「NPIは事業成長の先行指標になる」という観点から検証します。ニューバランスは調査を行った21年12月時点で、他ブランドと比較して明らかにNPIおよびu−NPIが高い傾向にありました。この数値が示す通りに顧客がニューバランスを購入していれば、事業はさらに成長しているはずです。

それから2年以上が経過し、事業は成長しているのでしょうか（鈴木氏への取材は23年7月に実施）。ブランド指標に関する考え方を含め、NPIとビジネス伸長についてニューバランスの鈴木氏はこう説明します。

「スニーカー市場、およびスポーツ分野全体は、21年からずっと成長し続けています。ニューバランスの事業伸長について、具体的な数字は公開していませんが、市場全体の成長度合いを踏まえても、競合と比較してより順調に伸びています。（顧客へのブランド浸透度合いを測定する）サブ指標として『Googleトレンド』でのブランドの検索数の推移を追ってい

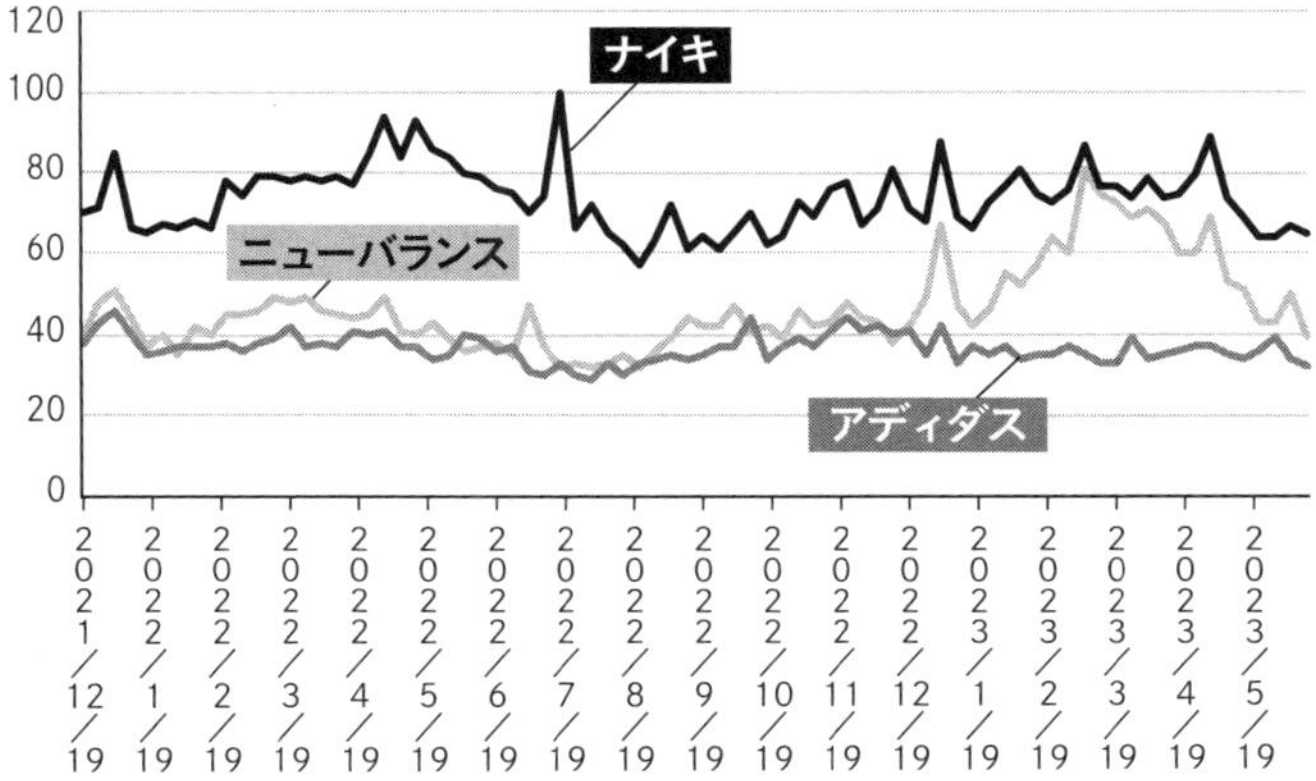

検索サービス「Google」における検索数の推移を分析できるツール「Googleトレンド」を用いて、「ニューバランス」「アディダス」「ナイキ」の検索推移を21年12月から、23年6月までをグラフ化した。ニューバランスはナイキに迫る勢いで増加している

ますが、上々の結果となっています」

「NPIは、カテゴリーにおける調査時点の状況と顧客からの支持の変化を確認するには、有効な指標だと思います。顧客層の属性や分類の掛け合わせで、ブランドのポジショニングや顧客層ごとの課題が抽出できるところは有用性があります。自社ブランドの全体像は、おそらく各社のブランド指標の計測でも感じられるでしょうが、競合との顧客層の差異に注目して分析することで、ブランド担当者が自社ブランド中心で考えていると見過ごしがちな視点を得られるのが利点です」

「Googleトレンド」とは、検索サービス「Google」におけるキーワードの検索数の推移を分析できるツールです。このツールで比較すると、他ブランドが横ばいなのに対し、ニューバランスはこの1年ほどで大きく上昇していることが分かります。

157ページの図で見ると約1年前まで検索数はアディダスと横並びでしたが、23年になると日によってはナイキに迫るほどの関心を集めていることがうかがえます。筆者もスマートニュースやロクシタンにおいて、常にGoogleトレンドを追っていましたが、検索ボリュームと売り上げはおよそ連動していました。

このように21年12月の調査結果に対して、その後、実際の事業成長に関する鈴木氏のコメントからもNPIやu－NPIは事業の先行指標としても有効である可能性がうかがえます。

市場のニーズとブランドに対するイメージの差を検出

続いて、ニューバランスのNPIやu-NPIが高い理由をひもといていきます。顧客が商品・ブランドに対してどのような価値を感じているのかが分かるため、マーケティング施策の仮説立てに有効です。

その手掛かりになるのが、調査で尋ねている「スニーカーの検討時にどのような項目を最も重視しているか」です。145ページでも説明しましたが、これを「履き心地が良い」「デザインが良い」など、計29項目から単一回答で回答してもらいました。

今回の調査では、ニューバランスは、「履き心地が良い」「価格が手頃」「デザインが良い」「疲れにくい」「足へのフィット感がある」が上位に挙がりました。

また、男女別で見ると1位の「履き心地」は2位の「価格が手頃」と10ポイントの差が

	女性	男性	全体
履き心地が良い	25.4%	15.3%	20.4%
価格が手頃	11.1%	18.3%	14.7%
デザインが良い	9.8%	9.0%	9.4%
疲れにくい	10.7%	5.9%	8.3%
足へのフィット感がある	8.3%	7.6%	8.0%
あてはまるものはない	5.5%	9.9%	7.7%
服に合わせやすい	6.5%	3.0%	4.8%
飽きずに長く履ける	4.5%	4.3%	4.4%
品質が高い	2.2%	3.9%	3.1%
機能性が高い	2.3%	3.0%	2.6%

スニーカー選びの重視するポイント（上位10項目）。女性は男性と比較して、「履き心地が良い」ことを重視する。一方、男性は「価格が手頃」なことを最も重視していた

あり、女性で特に重視する傾向があることが分かりました。これは性別ごとの全体傾向のため、まだ、マーケティング施策の仮説立てをするには粒度が粗い状態です。続いて、NPIを活用しながら、深掘りして分析していきます。

まず、NPIを使ってどのように分析と仮説立てができるのかを、簡単に紹介します。仮に、多くの顧客が「デザインが良い」と考えており、自社ブランドに対するイメージも「デザインが良い」が上位なら、購入にあたって重視するポイントと、そのブランドが持つイメージが一致しているの

で、そのブランドの認知度が上がるほど潜在的な顧客は増えていく理屈になります。

ですが、実際には、顧客によってニーズは様々です。特定の重視点に対して、性年代別で比較したときに、20代男性と、20代女性は正反対の傾向だということも珍しくありません。

そのため、顧客全体でデータを平均すると、その違いが埋もれてしまいます。すると「誰に何を提案し、どのイメージを引き上げるか」の見通しが甘くなり、結果として20代男性にも20代女性にも響かない、凡庸な策になりかねません。

そこで、顧客層ごとに商品・ブランドに対して期待する重視点（価値となる便益や独自性）を分解し、全体合算や平均では見えてこない特徴を検出します。そして、誰にどのような心理変化を促すのかを明確にした上で、効果的な打ち手を検討していくことが有効です。

ここまでは、そう目新しい話ではないでしょう。ですが、これだけでは足りません。仮に同じ性年代でも、単に商品・ブランドを認知している人と、既に購入意向が高い人、あるいはブランドに愛着があるロイヤル顧客では購入態度や心理状態が大きく異なるからです。

調査結果と9segsで分類した顧客層をクロス集計して、各セグメントに対して何を訴求すべきか推察することだ

そこでNPIを使って、属性（性年代）や、商品・ブランドの認知の有無、購入の有無などで顧客を分類し、次回購入意向が高い層の回答の傾向を分析します。

各顧客層を比較することで、「WHO＝誰」に「WHAT＝何」を提案すべきかの仮説を立て、「HOW＝最適な打ち手」を検討します。併せて、顧客からの支持や期待が厚い、ブランドとして手放してはいけない価値を見いだして維持していきます。これが、NPIを使ったブランド調査を事業成長につなげる道筋です。

重要なのは、調査結果と9segsで分類した顧客層をクロス集計することで。9つの異なる顧客セグメントごとに、初回購入促進（トライアル）と継続購入促進（ロイヤル化）で区別して、それぞれで何を訴求すべきかを推察することです。

これらを一緒くたにしては、有効な施策にはつながりません。同じ購入促進でも新規顧客獲得とロイヤル化では、最適な提案も異なるはずです。事前に商品・ブランドに対してどのようなイメージや期待を持って買い求め、使用後にロイヤル化した顧客は何を評価しているのか。インタビュー調査も交えてその差を把握することで、心理変化や態度変容の仮説を立てられます。

これを踏まえた上で、ＮＰＩを使いながら、ニューバランスの顧客を増やすためのマーケティング施策の仮説がどう立てられるのかを解説します。

一般的な「スニーカー選びの重視点」は何か

まず、ブランドを問わず調査対象者が「スニーカー検討時に最も重視している項目」について、単一回答でニューバランスの9segsのセグメントごとに比較しました。

全体平均では、1位から「履き心地が良い」「価格が手頃」「デザインが良い」「疲れにくい」「足へのフィット感がある」の順となっています。

まず、ニューバランスを認知しており、購入経験はないがNPIは高い「(7) 積極・認知未購入顧客」を見ると、同率5位に「飽きずに長く履ける」が入る以外は大きな違いはありません。これらは、ニューバランスの認知未購入顧客で次の機会に検討している人、つまりトライアルを促しやすい人が重視している項目です。

一方、「(1) 積極・ロイヤル顧客」を見ると、同じように同率5位に「機能性が高い」

が入りますが、上位5位の内容は変わりません。ただ、全体では4位の「疲れにくい」が2位になっていました。

つまり継続購入の意思があるロイヤル顧客は、履き心地や疲れにくさを重視しており、これらがロイヤル化（継続性）の大きな要因だと推察できます。逆に、ロイヤル顧客では価格の手頃さは重視点の順位が落ちるため、ロイヤル化やその維持にはそこまで価格は問われていないと考えられます。

NPI、u-NPIが高い「積極層」で比較したのは、購入意向があるため顧客として獲得しやすい、あるいは「消極層」よりも既存顧客を維持しやすいからです。加えて、(7)積極・認知・未購入顧客から(1)積極・ロイヤル顧客へ転換を促せるとビジネスとしての成果が大きいため、マーケティング施策を実施する対象として優先順位が高いという理由もあります。

これら2分類の顧客がスニーカーを選ぶ際の重視点と、ニューバランスが狙う活動の差

	離反		一般		ロイヤル	
	6.消極	5.積極	4.消極	3.積極	2.消極	1.積極
	20.9%	5.3%	9.7%	7.7%	2.3%	3.2%
	22.2%	27.6%	19.4%	28.1%	10.8%	27.7%
	14.5%	14.0%	10.7%	10.3%	5.4%	6.7%
	11.1%	6.7%	13.5%	10.4%	8.6%	7.5%
	7.9%	10.3%	7.6%	12.6%	12.4%	10.5%
	9.7%	10.6%	9.2%	8.5%	7.0%	6.0%
	6.3%	6.0%	5.9%	5.8%	7.0%	3.7%
	4.8%	4.4%	5.1%	5.7%	4.3%	3.4%
	3.0%	1.6%	4.6%	2.7%	4.3%	3.4%
	2.6%	1.8%	3.5%	2.1%	5.4%	6.0%
	1.7%	3.0%	2.2%	1.9%	1.1%	2.6%

ニューバランスの9segsのセグメントごとに見る、単一回答での「スニーカー検討時の最重視点」の上位10項目。ロイヤル顧客層は履き心地や疲れにくさを重視しており、その商品価値が継続性の大きな要因になっていると言えそうだ

分が少ないほど、期待通りの価値を提供できていると考えられます。

この調査からは、おおまかに次のようなことが分かりました。

(1) スニーカー選びに関して

・検討時に重視する「重視点」は、上位から「履き心地が良い」「価格が手頃」「デザインが良い」「疲れにくい」「足へのフィット感がある」。

・男女別で見ると、1位の「履き心地」は女性で25・4％、男性だと15・3％で約10ポイントの差があり、女性で特に強い傾向が

	全体	未認知	認知未購入	
		9.未認知	8.消極	7.積極
	100.0%	18.1%	31.0%	1.9%
履き心地が良い	20.4%	13.1%	20.2%	23.7%
価格が手頃	14.7%	16.5%	17.2%	21.8%
デザインが良い	9.4%	3.4%	11.0%	7.1%
疲れにくい	8.3%	6.2%	7.9%	9.0%
足へのフィット感がある	8.0%	6.0%	7.4%	6.4%
服に合わせやすい	4.8%	1.5%	4.8%	5.1%
飽きずに長く履ける	4.4%	3.8%	3.9%	6.4%
品質が高い	3.1%	3.2%	3.0%	1.3%
機能性が高い	2.6%	2.3%	2.4%	1.9%
軽い	2.4%	3.1%	2.4%	3.8%

ある（160ページ表）。

(2) ニューバランスに関して

・ニューバランスを高頻度で購入し、次回も買う意向がある層（1）積極・ロイヤル顧客）は、調査回答者全体の回答と比べて「価格が手頃」かどうかは重要ではなく、「履き心地が良い」「疲れにくい」「機能性が高い」「足へのフィット感がある」、点をより重視している。

これらを踏まえると、次のような考察ができます。ニューバランスの（1）積極・ロイヤル顧客は、同ブランドに履き心地や疲れにくいことを重視しています。これらの特徴を評価して、継続購入している可能性が高いでしょう。もともと商品にその強みを有しており、それらに対して顧客満足度が高く、またニューバランス側としてもそう評価されるようにブランドを育成しているはずです。

（1）積極・ロイヤル顧客が持つイメージは、「価格が手頃」以外は（7）積極・認知・男性未購入顧客が重視することとも大きな乖離《かいり》がありません。そのため、「価格が手頃」以外のポイントを訴求してトライアルの促進を実施し、初回購入後にそれらの項目を実感してもらってロイヤル顧客化するという道筋を描くことができます。

おそらく、店頭での未購入者への接客トークやフィッティングの段階から、この強みを訴求しているのではないかと考えられます。

まずは試着したいと思っていただく。実際に商品を体験する段階で、接客などを通じて履き心地の良さや疲れにくさを伝え、それらの実質的価値を十分に感じて満足できるように適切なサイズ選びなどを手助けし、ロイヤル化を促進していく。この一連の流れが、ブランドのグロース（成長）ルートの一つであるとデータから仮説が立ちます。

5 「ブランディング測定指標」の誤解
～事業成長と密接なブランディングの指標とは何か～

一方で、「価格が手頃」を重視する未購入者を獲得する上でも、価格訴求ではなく「履き心地が良い」「デザイン」「疲れにくさ」「足へのフィット感」などの、顧客のロイヤル化につながる訴求で試着を促すほうが効果が見込めそうです。

実際、ニューバランスの鈴木氏は、次のように回答しています。

「直営店でも、履き心地の良さや適切なフィッティングの説明を盛り込んでいます。ロイヤル転換指標（※ロイヤル顧客が支持する指標であり、ロイヤル化に有効な要素）である履き心地や疲れにくさは、体験して初めて実感できる特徴です。製品を体験する層が拡大すれば、リピート率はおのずと上がっていきます。ですので、店舗での足型測定やフィッティングサービスは、直営店や取扱店でも強いリピート促進施策になっています」

ただし、そうした店頭でのサービスだけでは、トライアルユーザーの獲得には不十分だと鈴木氏は考えているようです。来店した人には有効ですが、その手前にいる人にはアピールしにくいからです。

「来店の手前にいる方も含めて、トライアルに結びつくようなマーケティングが必須だと考えています。その点で、今回の調査時点では高くはない『スポーツ向き』のイメージは、ロイヤル顧客では上位でなくてもいいですが、トライアル要因の上位に入るべきだと考えています」

（7）積極・認知未購入顧客における、単一回答での重視点を見ると「スポーツ向き（0・8%）」「ランニング用（0・7%）」と低い傾向にありました。ここを底上げして、トライアルユーザー獲得の入り口を増やす必要があると鈴木氏は考えているようです。

これをブランディングという観点で考えれば、まず（7）積極・認知未購入顧客を分析して、その中でも「スポーツ向き」「ランニング用」を重視する顧客セグメントを特定します。

そして、その顧客セグメントを対象に「スポーツ向き」「ランニング用」であるという印象を与える施策を実施し、その後、同顧客層における「スポーツ向き」「ランニング用」という項目が高まっているかどうかを新規顧客の獲得数と併せて定点で分析していきます。そうすることで、ブランディング活動をきちんと事業貢献というかたちで評価できるようになるわけです。

筆者もこれまで多くの試行錯誤を続けてきましたが、「ブランディング」の成否は定量的な検証がないまま主観的になりがちで、客観的・科学的で再現性あるかたちでの運用が容易ではありませんでした。

5 「ブランディング測定指標」の誤解
〜事業成長と密接なブランディングの指標とは何か〜

本章で取り上げたスニーカーブランドに関する一連の分析は、読み解きには仮説や推測を含んでいますが、結果自体は数字で示すことができ、検証可能なものです。また、顧客をセグメントごとに分類してその違いを分析することで多様な顧客ニーズと認知の違いが見え、顧客の動きを見据えた「顧客動態（カスタマーダイナミクス）」を可視化して具体的な議論が可能になります。客観的な指標は、例えばマーケティング部から商品開発部や顧客に対応する部門、そして当然ながら経営層にも説得力のある材料として役立ち、共通言語になります。

もう一つの重要なポイントは、具体的な顧客とプロダクトの訴求内容や体験内容の組み合わせでのマーケティング施策のアクションにつながるということです。事業が成長するということは、顧客の心理と行動が変わり、新規の顧客が増え、一般顧客がロイヤル化していくというカスタマーダイナミクスの構築に他なりません。そうした顧客とブランドとの関係を築くためのアクションにつなげるという視点から考えると、「ブランド」や「ブランディング」に対する見方やアプローチも変わってくるのではないでしょうか。

これをヒントに、ブランディングにおいて事業の延長上にある指標を測定し、顧客が実際に何を評価しているのかをつかんで、事業成長の手がかりにしていただければ幸いです。

次章からは、「リブランディング」に対する誤解や中小企業のブランディングなどについて解説していきます。

第6章

「リブランディング」の誤解

～コーラ、ファンケルの失敗に学ぶ、リブランディングの本質～

1985年4月23日、米コカ・コーラは歴史に残る賭けに出ました。世界中で親しまれてきた炭酸飲料「コカ・コーラ」の味を変更すると発表したのです。これは「ニュー・コーク騒動」と呼ばれ、マーケティング史上最大の失敗事例といわれています。

当時、コカ・コーラは、低迷の時期を迎えていました。15年連続で最大の競合相手「ペプシコーラ」に市場シェアを奪われていたのです。コカ・コーラの幹部は、その原因を考えました。なぜ、コカ・コーラではなく、ペプシが選ばれているのか。

膨大な調査を行い、そして、ある一つの結論にたどり着きました。それは「ペプシコーラの方がおいしい。だから、ペプシコーラが売れている」。実際、ラベルを隠した味覚テスト（目隠しテスト）では、顧客の評価はペプシコーラのほうが「おいしい」という評価でした。このコカ・コーラのラベルを隠したテストというのが、失敗の要因の1つです。

コカ・コーラは莫大な予算をかけ、さらなるテストを実施、全く新しい製法、全く新しい味のコカ・コーラが生まれました。それがニュー・コークです。コカ・コーラの幹部は、売れると信じて疑いませんでした。20万人を対象に味覚テストを行い、ニュー・コークが

6 「リブランディング」の誤解
～コーラ、ファンケルの失敗に学ぶ、リブランディングの本質～

一番おいしいという結果が出ていたからです。

「ニュー・コークが一番おいしいことを証明できた。これで間違いなく売れる」。そう思い、自信満々に、大々的に宣伝したことでしょう。そのあとの結果は、言うまでもありません。

ニュー・コークは新規顧客に全く売れなかっただけでなく、昔からのファンからも大きな批判を受けるほど不人気でした。

コカ・コーラは、コカ・コーラという名称と、その独自性のあるおいしさをひも付けていたブランディングを、ニュー・コークという新名称と新しいおいしさの組み合わせに変更することで、そこまで築いてきたブランドを壊してしまったのです。

そもそも、コカ・コーラというブランド名称を隠した味覚テスト自体が、コカ・コーラが今後何をすべきかを分析するには不適切だったのです。

慌てたコカ・コーラはすぐさま、昔のコカ・コーラの味を復活させました。世紀のリブランディングの失敗事例です。

なぜリブランディングの多くは失敗するのか

ブランドは長く商品を展開する中で、徐々に業績が右肩下がりになる時期を迎えることがあります。そのてこ入れとして用いられる手段の一つに「リブランディング」があります。このリブランディングの失敗は、枚挙にいとまがありません。

リブランディングの目的が低調気味なブランドをてこ入れして、売り上げを上げることだとしても、明確な顧客イメージや何を便益と独自性とするのかのイメージを持たず、闇雲にブランド名やロゴを変えたり、プロダクトの中身を変えたりすることはむしろ悪手です。既存顧客が対象のブランドを想起できなくなり、むしろ離反率の増加を招く恐れがあります。

リブランディングの典型的な失敗例は、低迷する業績を第4章でブランディングの目的の2つめとして紹介した、「情緒的価値や心理的価値をブランディングでつくる」ことで、

6 「リブランディング」の誤解
～コーラ、ファンケルの失敗に学ぶ、リブランディングの本質～

底上げしようとするケースです。著名なデザイナーを起用し、新たなロゴや統一感のあるデザインなどで、かっこよく見せようとして、結果的に顧客を失う事例は数多くあります。

第1章で紹介した、ローソンのプライベートブランド（ＰＢ）の失敗はその典型例でしょう。本来ＰＢのパッケージで伝えるべきことはおいしさなどだったはず。ところが、商品のよさが伝わらない方向にリブランディングをしてしまった。これではうまくいきません。リブランディングは商品・サービスを買う理由、競合ブランドを選ばない理由が分かっていて、その強みを増幅させる、あるいは理解させるための目的でしか成立しません。

なお、２０２４年時点では、ローソンはこの問題を解決し、「おいしさ」や「中身の魅力」が伝わるパッケージへ変更し、業績も好調です。

また、離反者にアピールし、戻ってきてもらおうとしたとしても、元のブランド名やロゴで認知していた人は、新しいブランド名やロゴを認識できません。ブランドを構成するロゴやパッケージに対する顧客の認知度が新規、既存ともにゼロベースになるため、全てがマイナスに作用するというケースはこれまで何度も起こってきました。

例えば、老舗のお菓子のブランドに関して若年層の顧客が減っているのであれば、若者にとってその便益と独自性が合っていない可能性が高いです。

お菓子を食べる時間が減り、スマートフォンを使う時間が増えているのであれば、可処分時間がスマホに置き換えられたということです。つまり既存の商品では便益と独自性が成立しなくなっているということ。では、売るべきお菓子はという課題に立ち返ると、プロダクトやサービスそのものの問題になるはずです。

リブランディングの名の下に、ブランド名を変えたり、はやりのタレントを広告塔に使ったりしても、根本的な課題の解決にはつながりません。

特にパッケージ変更をして、既存客を失うケースは非常に多いです。ブランディング巧者といわれるプロクター・アンド・ギャンブル（P&G）でも、かつて「リジョイ」というシャンプーのてこ入れのために、パッケージデザインやロゴを刷新したところ、売り上げが下がってしまったケースがあります。

「顧客不在」で、企業を起点とした「リブランディング」は成功しません。もしそのようなリブランディングを実行したいと考えている担当者がいた場合、「ロゴやデザインを変更したことで、誰がそれを評価して購入してくれるのでしょうか？」「今のデザインは誰が評価していないから購入しないのでしょうか？」と尋ねると、立ち止まって、考え直すきっかけになるでしょう。

リブランディングの失敗で経営危機

その対象ブランドが企業の基幹商品だった場合、経営危機につながる恐れすらあります。

健康食品や化粧品通販事業のファンケルは１９９７年の発売以来、主力商品だった「マイルドクレンジングオイル」（以下、マイクレ）のパッケージを２０１２年に刷新しました。

ファンケルは発売以来水色のボトルを採用していた「マイルドクレンジングオイル」（以下、マイクレ）のパッケージを2012年に白色に刷新した

「よりスタイリッシュなブランドにする」という目的で行われた化粧品事業の大々的なリブランディング計画の下、ボトルの色を、従来の青から白へ変更したのです。当時、売り上げを3割以上伸ばすという目標を掲げ、全社的に相当な投資がなされたといいます。結果、何が起こったかというと、マイクレは予定していた売り上げを大きく下回りました。

「青色のクレンジング」。マイクレのパッケージの特徴である青いボトルにちなんで、ファンケルの顧客は商品をこう呼びます。長年愛用する顧客にとって、パッケージの色は、小売り店の棚でひと目見て商品を識別するための大事な記号です。

顧客はマイクレを青いボトルと認識しているから、迷わず商品を選んで購入できていました。その青色のパッケージを白に変えたことで、顧客が店頭で商品を認識できなくなったのです。

この大々的なリブランディングによって、マイクレだけでなくサプリメントなど複数の商品が売り上げ不振に陥りました。結果的に13年3月期、ファンケルは創業以来初の赤字を計上。13年1月には、ファンケルの創業者である池森賢二氏が経営再建のため急きょ8年ぶりに経営へと復帰しました。

マイクレはパッケージデザイン変更後に約1年で、元の青色のボトルに戻すことになりました。売り上げ低迷の原因がパッケージだと判断したのは、「商品を見つけられない」という声が顧客から相次いだこと、中身は変えておらずパッケージのみの刷新だったためだといいます。

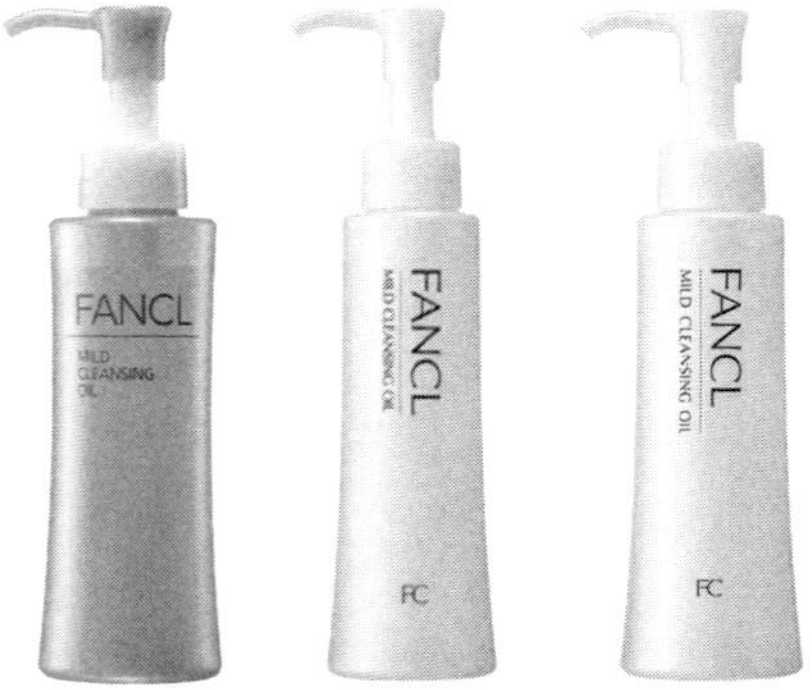

左から順に、09年、12年、13年のリニューアルで発売された商品。13年にボトルの色を白から青に戻して以降は、青色の色見を少し変える程度にとどまっている

この再改修が奏功し、売り上げは回復しました。これ以降、顧客が商品を認識する色は変えない方針になったそうです。

多くの顧客にブランディングで刷り込んだ名称や色などの記号と、そのプロダクトの便益と独自性のいずれかを変更する場合、離反者がかなり増えるリスクがあります。新規顧客は獲得できたとしても、ロイヤルティーの高いＬＴＶ（顧客生涯価値）に貢献する優良顧客の離反率が高まり、結果として売り上げが落ちてしまうということは往々にして起こり得ます。

ロングセラーブランドに起こる2つの問題

また、ロングセラーブランドになると、徐々に売り上げが低下するケースがあります。この課題は、大きく2つの問題点が理由であることが多いです。

一つは強い競合が現れて「既存顧客の離反率が高まるケース」。競合ブランドに対抗するため、独自性を強めるための商品改良や機能追加の必要があります。アサヒビールは24年6月に実物のレモンの輪切りが入ったレモンサワー「未来のレモンサワー」を発売しました。このような競合にはない自社ブランドだけの強い独自性を加えることで、離反を防ぐ可能性があります。

もう一つは「新規顧客が取れなくなるケース」です。これは商品・サービスの持つ便益の魅力が失われたのか、あるいは独自性が弱いのか、訴求方法が不適切なのかに問題があります。新規を獲得できる便益と独自性の組み合わせが見つかると、離反率も下がることがありますが、両方の課題を解決しようとするとどっちつかずになりがちです。まずは既存顧客の離反率を下げたいのか、新規顧客を獲得したいのか、目的を必ず決めるべきです。

リブランディングを掲げながら、顧客に成立しているブランドの構造や関係を理解せず、想起率を下げたり、記憶化を毀損したりするような、「ブランディング」に陥ってしまってはなりません。顧客を理解し、「WHO（誰に）」と「WHAT（何を）」を徹底的に突き詰め、何を残し、何を変えるべきかを見極めなければ効果的なリブランディング投資は成立しません。

ロート製薬の「メラノCC」という美容ブランドがあります。この商品はもともと『メラノバスター』しみ対策液」という治療薬のような商品でした。商品としての売り上げは小さく販売中止の検討段階にありました。

とはいえ、少なからず購入し続けている顧客がいたので、まずはロイヤル顧客に話を聞くことにしました。購入し続けている理由を聞けば、とにかくビタミンCに効果を実感しており、肌のしみだけでなく肌全般に効果を感じている。だから、数千円の美容液を買うよりも価値を感じるとおっしゃっていました。

そこで、パッケージや商品名を変更すれば潜在的な顧客にもっとアプローチできるのではないかと考え、リスクを承知で名称をメラノCCに変更しました。パッケージは黄色を基調にして、ビタミンの塊のような印象を与えるデザインに変えました。すると、商品の中身は変えていないのに、非常に売れるようになりました。

これはリスクを取って成功したリブランディングの一つの事例ですが、もともと商品として強い便益と独自性を持っていたものの、それが伝わりにくいネーミングとパッケージだったことに要因がありました。このマーケティング課題に対して、第4章で解説したブランディングの目的の一つである、商品・サービスが持っている便益と独自性を見極め、きちんと記憶しやすくするようにリブランディングしたことで、大きな成功につながりました。

コーセーがパッケージをほぼ同じリブランディング

24年3月にコーセーが、ロングセラー化粧水の「薬用 雪肌精」を1985年の発売以来、初めてリニューアルしました。
ロングセラー商品をリブランディングする際に最も大きな懸念は、長年愛用してくれていた既存顧客が離反してしまうことです。刷新後のパッケージが全く違う物に見えてしまえば、商品を認知できなくなり、離反する可能性が高まります。

そこで、もともと持っていた価値を残したことを感じてもらうために、パッケージにあえて大きな変更を加えませんでした。しかし、若年層にも、自分向けとして直感してもらえるデザインに変える必要がありました。
古く見えないために、どうすべきか。たどり着いたのが、「大胆すぎない変更」でした。青のブランドカラーと薬瓶、そして漢字という雪肌精の昔ながらのデザインは踏襲しつつ、ブランドロゴの文字を小さくするなどして、全体的にスタイリッシュな見た目へと生まれ変わらせました。

その背景には、２０２０年に初めて実施した雪肌精ブランドの全面リブランディングで

6 「リブランディング」の誤解
〜コーラ、ファンケルの失敗に学ぶ、リブランディングの本質〜

コーセーは2024年3月に、ロングセラー化粧水の「薬用 雪肌精」を1985年の発売以来、初めてリニューアルした。左がリニューアル前、右がリニューアル後

得た教訓が生かされていたそうです。リブランディングの目的は、グローバルブランドとしての成長と若年層の取り込みでした。

メインロゴを雪肌精らしいイメージを持つ漢字表記「雪肌精」から、英字の「SEKKISEI」に大胆に変更し、さらにシンプルさを押し出したパッケージの新シリーズ「雪肌精 クリアウェルネス」を投入しました。若年層への調査で「古臭い」といった声があり、これを払拭するために真新しいパッケージで勝負することを決めたのです。

発売した結果、クリアウェルネスの化粧水の購入層は若年層が占めました。この点では狙い通りです。ですが、従来の雪肌精ブランドとして認識されにくかったことが影響し、発売時、販売状況が計画通りにはいきませんでした。長年築いてきた雪肌精ブランドの資産を有効に活用できなかったといいます。

このように、既に顧客に刷り込まれているブランドを象徴する記号を変えると、既存顧客に認識されず、離反を招く恐れがあります。新規獲得と既存顧客の維持の両方を目的とした場合は、成果としては不十分だったかもしれません。ですが、新規顧客を獲得するという目的であれば成功だったとも言えます。目的を明確化することは、リブランディングの成否の判断も明快になります。

味の素冷食の「永久改良」に見る本質

名称やデザインでのリブランディングなどせずとも、業績を回復させるヒントは顧客の中に眠っている可能性は大きいのです。同じ名称で、一貫性のあるデザインで、継続的に顧客の満足度を高めていく商品改良を繰り返す。これこそが本当のリブランディングだと思います。

味の素冷凍食品は「永久改良」を掲げ、味の素冷凍食品の「冷凍ギョーザ」は22年に50周年を迎えましたが、これまでレシピを変更した回数は実に50回超です。水なし、油なしの調理を可能にするなど、ほぼ毎年改良を実施してきました。

商品を〝永遠のベータ版〟と捉え、物づくりの本質からずれることなく、便益と独自性を強化し続けることで、ブランド力を維持しています。そう考えれば、そもそもリブランディングというコンセプトそのものが必要ないのかもしれません。

第7章

「マーケティング」と「ブランディング」の関係

～顧客起点の発想に立ち返る～

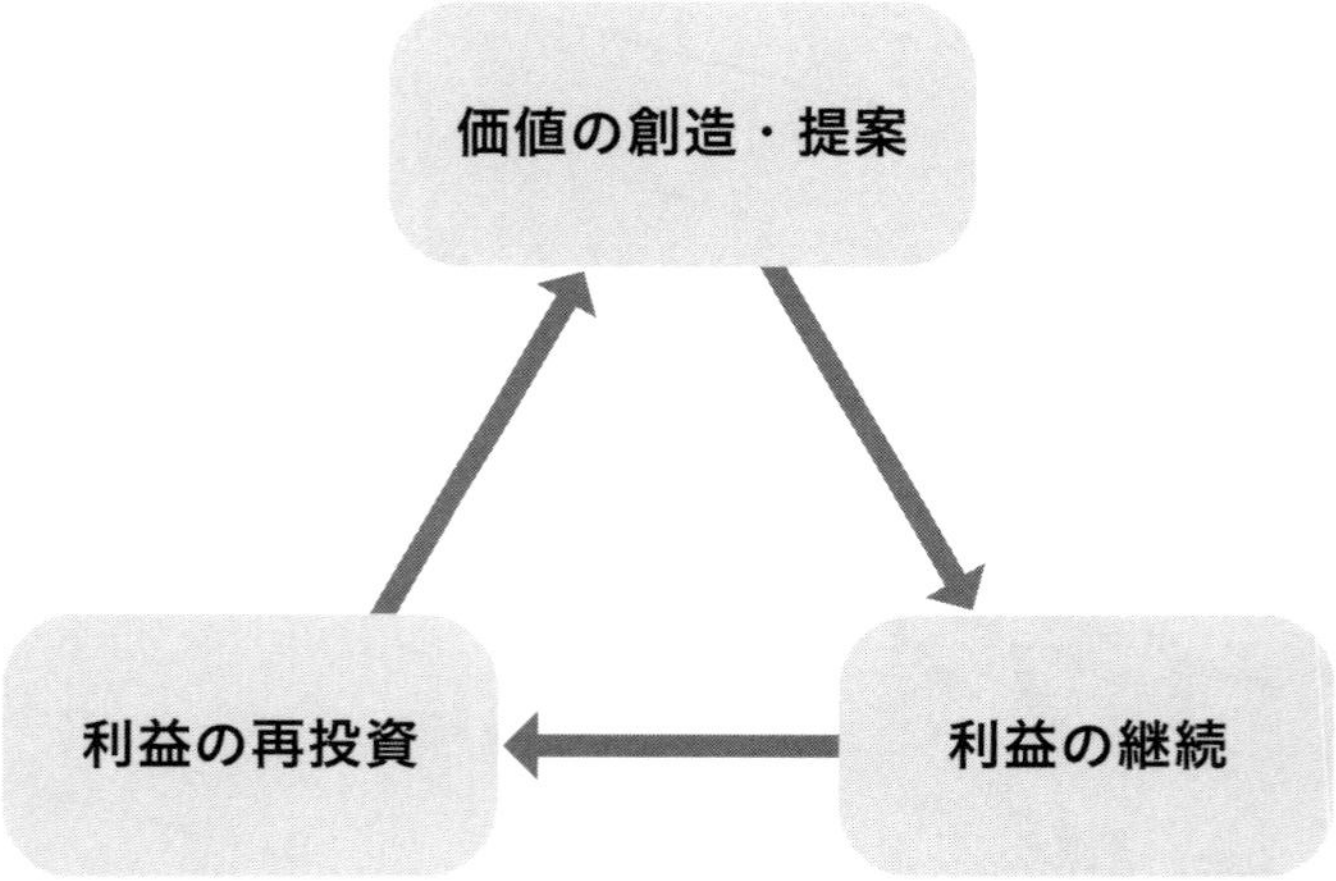

「マーケティング」とは、顧客への価値を創造し、それを提案する。得た利益を再投資し、さらなる価値を生む循環をつくる活動である

筆者の定義では「マーケティング」とは「顧客への価値の創造」です。企業は生み出した価値を顧客に提案する。顧客が価値を感じれば、売り上げを通じて利益という対価が得られる。その得た利益を再投資して、さらなる価値をつくる。こうした循環こそがマーケティングであり、経営とほぼ同義だと思っています。

「ブランディング」はあくまで、そのマーケティングの一手段です。これまで解説したようにブランディングの主な目的の一つは、商品・サービスが顧客に忘れられないように記憶化して、想起率を上げること。コー

7 「マーケティング」と「ブランディング」の関係
～顧客起点の発想に立ち返る～

ヒーを飲みたいと思ったときに何のブランドを思い浮かべるか、温泉に行きたいときにどの宿泊施設を思い浮かべるか。これが強い記憶化による想起です。その想起とは購入する商品・サービスが持つ便益と独自性と結び付いていることが前提です。ですので、ブランディングはマーケティングの一手段だと考えます。

ところが、「マーケティング」も「ブランディング」も定義がばらばらで、異なる認識が広がっています。第3章でも解説しましたが、ブランディングは経営学者のデービッド・アーカー氏によって、解釈の余地が多くなりました。ブランドは「商品・サービスを認識するためのものである」というシンプルなものから、定義が拡大し、より複雑なものへと変わりました。

ブランディングはなぜ経営者の注目を集めたのか

特に「ブランドエクイティ」という言葉は、物理的な物ではない企業価値を「資産価値」

としてどう見るかという概念で、財務会計ではブランド価値、のれん代（Ｇｏｏｄｗｉｌｌ）の一部と見なされますが、この概念が米国で生まれてから、世界中の経営者の関心を集めていました。米国の財務会計基準審議会（ＦＡＳＢ）が基準を設定し、その後の企業買収の際に、その無形資産の評価額に大きな影響を与えるようになりました。

売り上げや利益を上げるだけでなく、無形資産があるかどうかが企業の評価額を大きく左右するようになり、経営者の注目するキーワードになったため、「ブランディングが重要だ」という話が、経営サイドから広まったのです。広告代理店なども経営者向けに企業価値を上げるためのブランディングを掲げて、いろいろな支援サービスを始めたことで、経営主導で、ブランディングは拡大解釈されていきました。

顧客がついて売り上げが増え始めた、もしくは、ベンチャーキャピタルから投資を受けたスタートアップが、曖昧な目的のまま「ブランディング」活動に投資をして、お金を無駄にするだけでなく、成長スピードを落としてしまうケースを数多く目にします。また、既に株式を公開している資金の潤沢な大手企業であっても、同様のケースがあります。

7 「マーケティング」と「ブランディング」の関係
～顧客起点の発想に立ち返る～

こういった投資は、ブランディングという言葉の曖昧な「万能感」とその誤解によって起こっています。多くの場合は、クライアントの意思決定者のブランディングへの過剰な期待が問題です。

一方で、マーケティングも定義がはっきりしません。米国の業界団体「アメリカン・マーケティング・アソシエーション（アメリカ・マーケティング協会）」は「マーケティングとは顧客、依頼人、パートナー、社会全体にとって価値のある提供、創造、伝達するプロセスである」としています。ものづくりから、価値提供に至るまで一連のプロセスの全てであるということを言っています。

経営学者のフィリップ・コトラー氏は「マーケティングとは社会活動のプロセスである。その中で個人やグループは価値ある製品やサービスを生み出し、提供する。その製品やサービスを他社と自由に交換して、必要なものなど欲するものを手に入れる」としています。

価値ある製品を作り出す物づくりから、それを提供し、お金や物々交換で必要なものを手に入れるという、事業の創造から営業活動までを内包した定義になっています。

しかしながら、ビジネス現場の実態はどうでしょうか。「マーケティング」の定義を確認することもなく、曖昧な理解のまま企業への導入が進みました。

例えば、マーケティングとは「物を売る仕組みである」とか「プロセスである」という主張もあります。これは非常に狭義かつ、ＨＯＷ（手段）そのもので、もはや顧客と価値に触れてすらいません。

マーケティングとブランディングは並列ではない

マーケティングを「物を売る手段」「物が売れる仕組みづくり」といった、ＨＯＷ（手段）と捉えてしまうから、ブランディングとマーケティングが並列のように見えてしまいます。

マーケティングとは、「価値を創造し、得た利益を再投資して、価値を再創造する活動」。ブランディングとは、「創造した価値の記憶化と想起率を上げるために行う社内外への活動」。こう定義すると、マーケティングとブランディングの関係性が分かりやすくなるはずです。

7 「マーケティング」と「ブランディング」の関係
～顧客起点の発想に立ち返る～

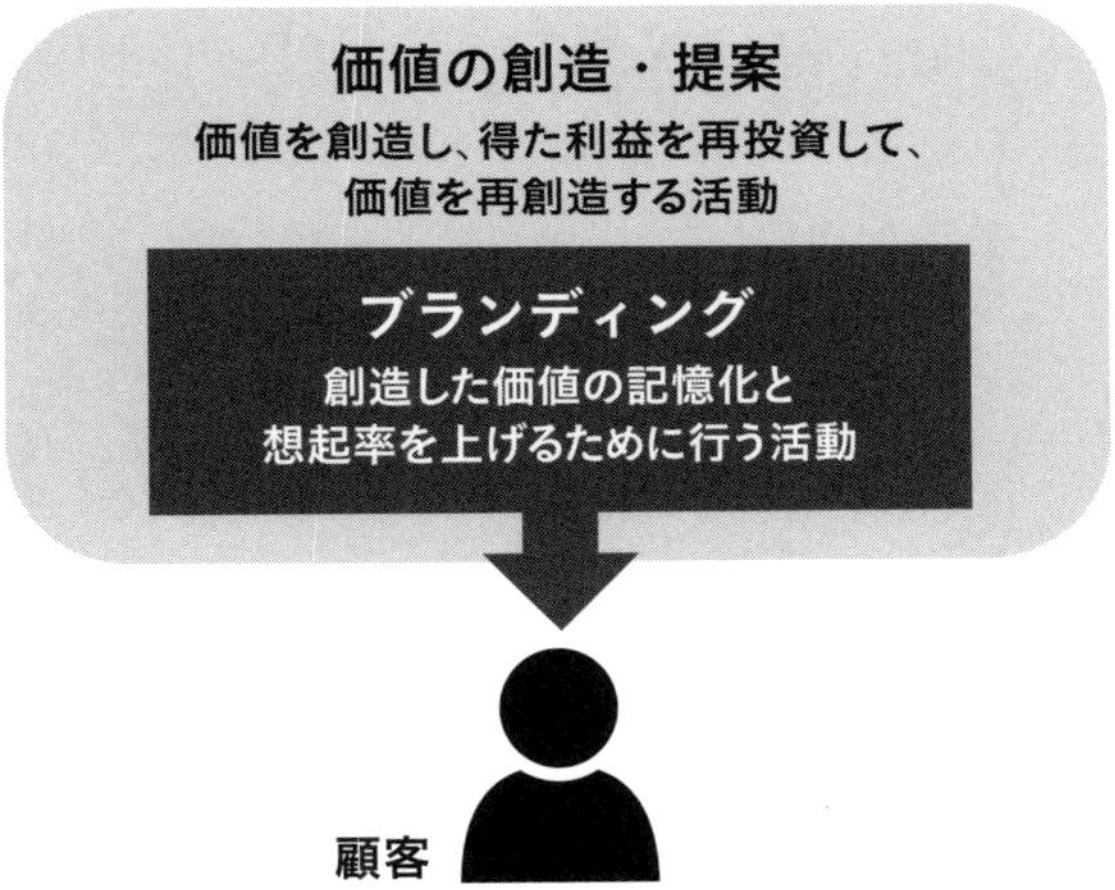
価値の創造・提案
価値を創造し、得た利益を再投資して、
価値を再創造する活動
ブランディング
創造した価値の記憶化と
想起率を上げるために行う活動
顧客

「ブランディング」は、「マーケティング」によって創造した価値を記憶化し、想起率を高めるための手段

「広告宣伝、販促、PRといった顧客とのコミュニケーションといったマーケティングにおける一連の活動の根底に、ブランディングという概念を置く」というのが、より実情に近いと言えるでしょう。つまり、まずは自社の商品・サービスの価値となり得る便益と独自性と、その顧客を明確にした上で、その価値が正しく伝わって記憶化されるように様々な施策を打っていくことがブランディングです。

ですが、いずれの言葉も定義が曖昧なままマーケティングの現場に広がっており、人によって捉え方はばらばらです。そこで、一つ提案したいのが、マーケティングやブランディングという言葉を一度忘れて、自分たちが誰のために何の価値を提供したいのかという目的で議論するという発想です。

私が企業のマーケティングを支援する場合、意図的にマーケティングやブランディングという言葉はあまり使わないようにしています。それぞれの言葉について正しく定義するか、それができない場合はむしろ使わないほうがいいと考えているからです。

言葉の定義が曖昧だと、無意味な過剰期待、過小評価につながります。もしブランディング施策によって、潜在顧客に強く記憶され、想起率が大幅に上がり、店頭で手に取られやすくなったとします。このとき、商品の満足度が低いと、一時的な売り上げは上がるものの、リピートにつながりません。

ところが、ブランディングの目的が曖昧で、売り上げや利益が上がる魔法のつえのような過剰期待をしていた場合、ブランディングに投資したのに、利益が出ないから、ブランディングは失敗したという過小評価につながります。

7 「マーケティング」と「ブランディング」の関係
～顧客起点の発想に立ち返る～

世の中のあらゆる事業は顧客（WHO）から得られる対価に対して、見合う価値（WHAT）を提供する関係でしかない。手段（HOW）よりも、WHOとWHATを突き詰めることが重要だ

顧客の想起率が上がったものの、店頭での商品展開が弱かったために、売り上げはあまり上がらず、損失が膨らむことがあります。この場合、顧客の想起率の向上は成功しましたが、店頭での商品露出が弱かったため、顧客が店頭で商品と出合う確率が低く、せっかく上がった想起率が購入につながらなかった。ブランディングとしての役割は果たしているわけです。

つまり、順当に考えれば顧客が商品に出合うための店頭などの購入場面の強化が次の目的になります。決して、新たなブランディングを試そう、とか、マーケティング戦略の見直しを、とか、そんな粒度の粗い議論は必要ありません。

世の中のあらゆる事業はBtoC（顧客向け）、BtoB（企業向け）に限らず、顧客と商品・サービスの関係性でしかありません。「何らかの商品・サービスを求めている人＝WHO」に対して、「お金を払ってでも買いたい、利用したい便益と独自性＝WHAT」を提供する。このシンプルな関係性でしかありません。

WHOに対する、WHATを定義しないまま、ブランディングやマーケティングという言葉だけを使うことで、無駄な投資が広がります。マーケティングやブランディングという言葉を使わなければ、議論は、おのずとWHOとWHATの関係に集約されます。

言葉に振り回されず、目的ベースで会話をする

ですから、マーケティングにしてもブランディングにしても、必ずWHOとWHATに関

7 「マーケティング」と「ブランディング」の関係
～顧客起点の発想に立ち返る～

する目的ベースで会話をすべきです。現状の課題は何で、達成したい目的は何か。どのような顧客（WHO）に対して、どのような便益と独自性（WHAT）を届けたいのか。それを確認しながら進めます。

もともとの商品・サービスに便益と独自性となる強みはあるのか、それに価値を見いだす顧客はいるのか。その便益と独自性が強くなければ、秀逸なデザインに変えたり、有名なタレントを起用した広告を制作したりしても、一時的な売り上げはつくれても、継続購入、継続的な売り上げと利益にはつながりません。

離反層に対するブランディングはどうでしょうか。もし、離反した理由が、商品の便益に対する満足度が減少し、競合商品や代替品の便益に高い満足度を感じていた場合、もしくは、その商品が提供していた便益そのものに対する需要がなくなった場合は、ブランディングでの想起率の向上やリマインド効果はありません。

この場合、ブランディングは、購入意思のない層に対するリマインドになり無駄な投資になります。ただし、購入意思のない顧客でも、そのブランディングのメッセージに対して、懐かしさや身近さを感じることがあるため、広告評価は好意的である場合があります。

このような広告への好感度をもってして、ブランディング施策に効果があったような錯覚や誤解を引き起こすことも多く見られます。購入意思が上がらない限り、好感度が上がっても、売り上げにはつながりません。

プロクター・アンド・ギャンブル（P&G）が化粧品ブランド「SK－Ⅱ」を1991年に買収したときは、まだ売上高が数十億円規模の日本中心のローカルブランドでした。しかし、P&Gは、SK－Ⅱの天然由来成分「ピテラ」（独自性）による強いスキンケア効果（便益）に対して、ロイヤル顧客の多くが価格の高さをいとわず評価し、象徴的商品であるローションの圧倒的なリピートにつながっていることに着目しました。

さらに、このような顧客層が潜在的に大きく存在することに気付きました。この潜在的な顧客（WHO）に、SK－Ⅱが提供できる強力なスキンケア便益と独自性（WHAT）を提供するために、積極的なマーケティングとブランディングを実行し、結果として1000

7 「マーケティング」と「ブランディング」の関係
～顧客起点の発想に立ち返る～

億円を超えるグローバルブランドへと成長させました。

一方で、離反層が商品の持つ便益や独自性に対するニーズを失っておらず、単に購入習慣が途切れているだけの場合、リマインダー（想起）としてのブランディングは効果が期待できます。

日清食品の即席めん「カップヌードル」のようなロングセラーブランドの商品が、店頭で大量に陳列されると、そういった離反層の購入につながりやすい。このような大量陳列によるリマインダー（想起）効果は、ロイヤル層、一般層にも効果が期待できます。

多くの場合は誰（WHO）にとって、何（WHAT）が購入や継続購入の動機になっているのかが曖昧なまま、売り上げが下がっている、利益が減少した、顧客の不満が増えているという事実に振り回されています。

具体的なWHOとWHATの関係において、解決すべき問題が定義された時点でマーケティングやブランディングでやるべきことの7〜8割は見えます。

マーケティングの「4P」にも大きな誤解

恐らく、最も有名であり、古くからあるマーケティングのフレームワークの「4P」にも大きな誤解があります。コトラー氏が過去に提唱してきた「マーケティングミックス」におけるフレームワークで、元となったのはマーケティング学者のエドモンド・ジェローム・マッカーシー氏が提唱されたフレームワークです。

マッカーシー氏が提唱した本来の4Pは、4つのPの中心に「C」、すなわちコンシューマー＝顧客があったのです。4Pというのは、顧客に提供する価値を4つのPで考えるというフレームワークだったはずなのに、世に広まる中で「C」が削除され顧客が〝不在〟になってしまっているわけです。

なぜ、このような顧客不在のマーケティングが広がったのかを考えてみました。それは、

7 「マーケティング」と「ブランディング」の関係
～顧客起点の発想に立ち返る～

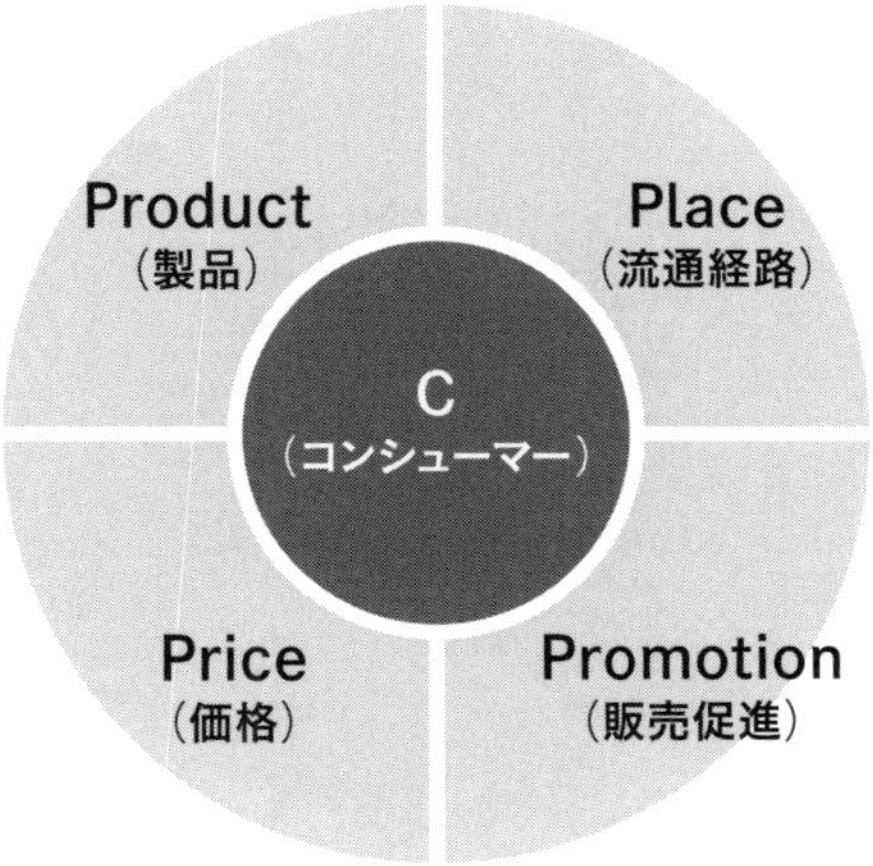

マーケティングのフレームワークとして広く知られる「4P」だが、本来は中心に顧客を意味する「C」があったのだ

組織にマーケティングが導入される中で、既存組織の制約に対応してきたためだと思います。

コトラー氏やマーケティングの業界団体の定義では、「顧客に価値を生み出すためのプロセスであり、総合的な活動」と定義され、顧客への物づくり（プロダクト）と顧客への営業活動の両方が視野に入っていました。

1980年代までのマーケティングという概念が広がる以前の企業では、物づくりは開発部門が主導し、顧客への販売活動は営業が担っていました。

開発部門と営業組織がしっかりでき上がった組織に、後から導入されたマーケティングの多くが、開発部門と営業部門の間で、物づくりと販売活動を切り離した残りになってしまったと考えています。本来は、顧客を中心に据えて開発も営業活動も内包した「総合的な活動」を担うべきだったのです。

このようにマーケティングの実態が本来の定義から乖離《かいり》していく中で、マーケティングの4Pに関しても、開発部門が担っているプロダクト（商品・サービス）や、営業が主導権を握るプレイス（販売場所やルート）やプライス（価格）を除いた、プロモーション（販売促進や広告コミュニケーション）を中心とした活動に限定されています。

また、事業主をサポートするマーケティングや広告代理店の活動もプロモーション主体の狭い範囲に絞られて、マーケティング全体からC（顧客）が抜け落ちていったと思われます。

そして、マーケティングは、単なる販売促進や広告コミュニケーションの「プロセス」や「売るための仕組み」と呼ばれるようになったのです。価値を創造しようとすると、必ず対象者としての顧客がいるので、価値を創造することを念頭に置けばこうした誤解は生まれなかったはずです。４Ｐを提唱されたコトラー氏にとっても本意ではないでしょう。

第8章

小規模企業でもできるブランディング

～あらゆる事業はニッチから始まる～

第1章から7章まで、主に、売り上げの規模が大きく、比較的大きなマーケティング予算を持つブランドの事例を用いて、ブランディングの誤解と本質的な3つの目的と意味に関して解説してきました。

しかし、本書は、中小企業もブランディングを誤解なく活用できることを主目的に、解説しています。

言わずもがな、経済の大部分は中小企業による「ニッチ」と呼ばれる商品・サービスが多くを占めています。中小企業の生産性と収益性の向上は、日本においても非常に重要な課題です。

２０２２年の中小企業白書によれば、日本の企業の総数は３５７万社です。その内、中小企業は３５５万６０００社に当たり、全体の99・7％超を占めています。

誰もが知るようなマスブランドを扱う大企業であれば、ブランディングについて誤解して、多少無駄な投資を行ったとしても、その無駄を吸収する資本があります。ですが、中

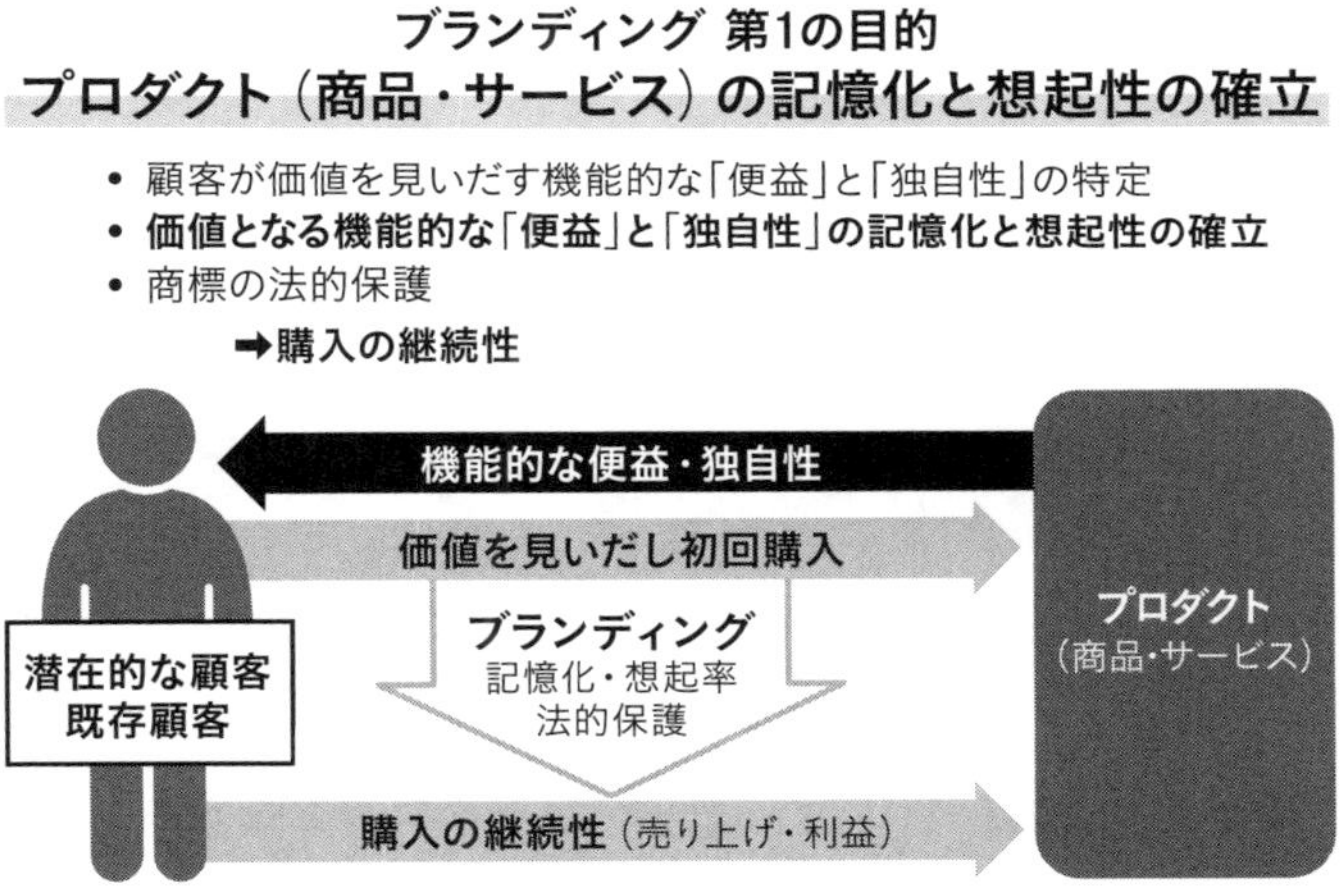
ブランディング 第1の目的
プロダクト（商品・サービス）の記憶化と想起性の確立
• 顧客が価値を見いだす機能的な「便益」と「独自性」の特定
• 価値となる機能的な「便益」と「独自性」の記憶化と想起性の確立
• 商標の法的保護
➡購入の継続性
機能的な便益・独自性
価値を見いだし初回購入
ブランディング
記憶化・想起率
法的保護
潜在的な顧客
既存顧客
プロダクト
（商品・サービス）
購入の継続性（売り上げ・利益）

中小企業はブランディングの第1の目的「プロダクト（商品・サービス）の記憶化と想起性の確立」をまずは目指すべきだ

小企業にとっては一つの失敗が深刻な経営問題になりかねません。

しかし、ここまで解説してきたように、ブランディングは、目的を明確に持って、活用方法を間違わない限り、事業結果に大きな効果をもたらします。そして、それは、中小企業であっても例外ではありません。

中小企業が取り組むべきブランディングは、まずは第4章で解説した第1の目的「プロダクト（商品・サービス）の記憶化と想起性の確立」に集中することです。自社の商品・サービスの便益と独自性を明確に打ち出し、顧客の対象となる顧客への記憶化と想起率の最大化に集中すべきです。

大手企業のような大規模なブランディング投資やマーケティングキャンペーンは難しくても、主たる潜在顧客の定義を明確にすることで少ない予算でもブランディングは可能です。

ブランディングはマスブランドをつくることではない

既にお気付きかと思いますが、ブランディングとは、マスへの投資を意味しません。自社の商品・サービスで提供する便益と独自性に価値を見いだしてくれる顧客が1人以上いる。そして、その顧客に自社商品の名称を、その便益と独自性と強い連想を持って記憶してもらえれば、特定の少数の顧客の中で、立派なニッチとして、ブランディングは成立しています。

例えば、地元の人だけが知っているおいしい居酒屋、少数のファンが応援しているミュージシャンやアイドルはニッチとしてのブランディングが成立しています。大企業の商品・サービスは、そこから結果として、顧客が大きく増加したにすぎません。

8 小規模企業でもできるブランディング
〜あらゆる事業はニッチから始まる〜

「マクドナルド」のような世界的な巨大ブランドであっても未進出の国では、ブランドの名称すら認知していない方は多くいます。その方々の中でマクドナルドはブランドではありませんし、ニッチなブランドですらありません。

この顧客数とブランディングの問題を、別の角度で考えてみましょう。自社プロダクトに強い価値を感じてくれる100人へのブランディング（自社商品の記憶化と想起性の確立）か、価値は感じていない1000万人へのブランディングは、どちらが大切でしょうか。当然、前者こそが、目指すべきブランディングです。

一般的なブランディングの誤解や課題に関して本書で解説してきましたが、ここでは、中小企業にまつわる最も大きな課題について解説します。

それは、「どこまで顧客数（クライアント数）を増やして安定的な利益を確保し、事業を安定化させるかの見極め」です。

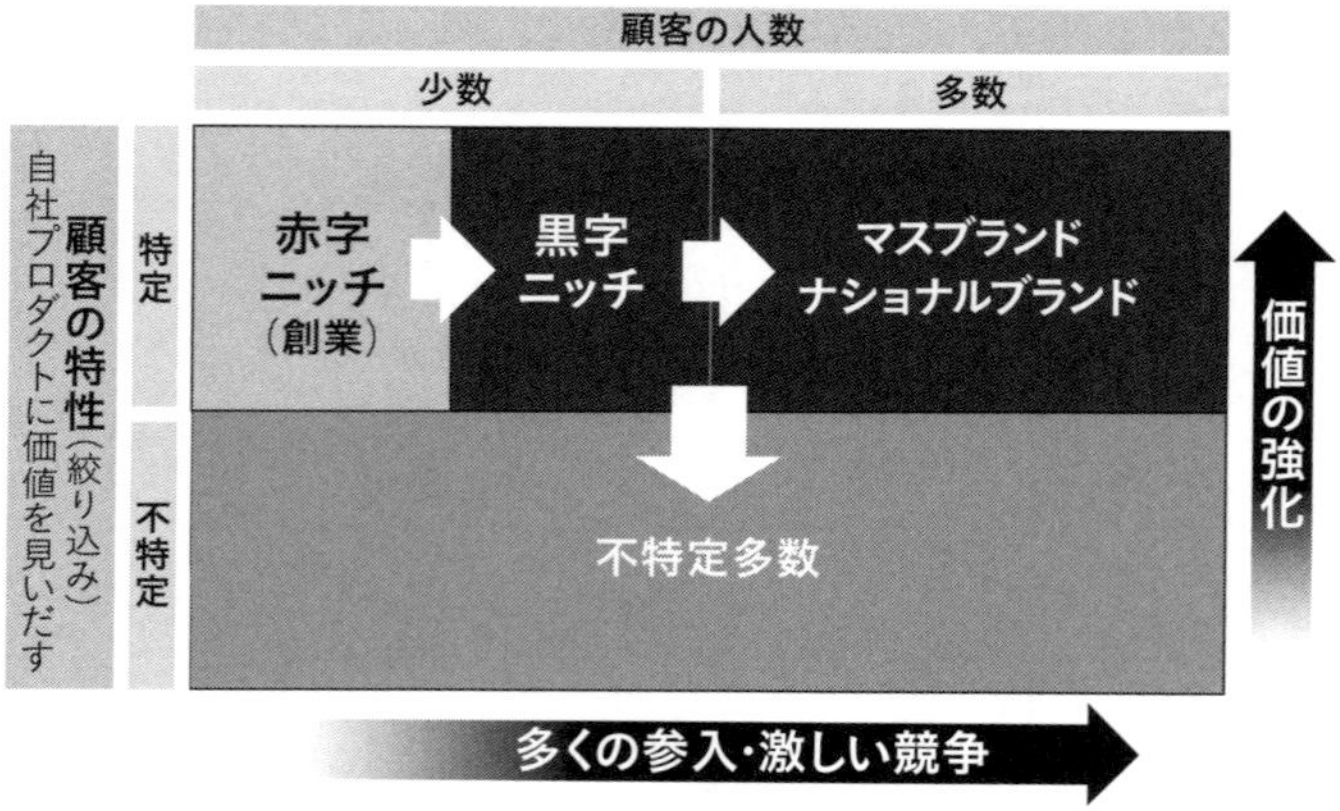

中小企業が赤字ニッチから脱却するには、不特定多数に闇雲にブランディングするのではなく、特定の顧客層に効率的にアプローチして、黒字ニッチを目指すことが最初のゴールになる

中小企業の多くは、利益や利益性を向上させることが重要です。事業規模の拡大には「顧客数」が最も影響を与えます。しかし、闇雲に広告費を投じて、自社の商品やサービスに強い価値を見いだしてもらえないような顧客を増やしても売り上げと利益の継続性が伴わず、苦労が増えるばかりです。

これを簡単な概念図を使って説明します。

上図では横軸を「顧客の人数」、縦軸に自社プロダクト（商品やサービス）に価値を見いだす顧客の特性として考えます。

大半の事業は「ニッチ」からスタートしている

創業期は、まだ利益が出ない「赤字ニッチ」の状態です。「ニッチ」と「ブランド」は異なる目線で語られることが多いのですが、今、世の中にある全ての事業は、1人の顧客（クライアント）を獲得するニッチからスタートしています。

そこからその事業に価値を見いだす特定の潜在的層の中で顧客数が増えると、右に移動して、利益が出る「黒字ニッチ」状態になります。

そのまま価値を見いだす特定顧客層の中で顧客数が順調に増えれば、売り上げと利益が高まり、やがて安定したマスブランドやナショナルブランドと呼ばれる状態になります。世間の多くに知られる、いわゆる「有名ブランド」です。

カテゴリーをけん引するトップブランドがニッチでスタートし、市場が大きくなったところで、2番手、3番手ブランドが参入し、競争が生まれます。スマートフォンの代表格

「iPhone」ですら、初代はあまり売れておらずニッチな端末でした。

216ページの図の「不特定多数」の欄は一見、巨大に見えますが、これは、自社の商品・サービスに価値を見いだしたかどうかが特定されていない顧客層を意味します。この不特定多数層に商品・サービスを提案し、顧客数を増やそうとしても、反応は悪く投資対効果は悪化します。

ここで、顧客を獲得できたとしても、すぐに離反し、一過性の消費にとどまる可能性が高いでしょう。これは、現在の状態が赤字ニッチであっても、黒字ニッチであっても、マスブランドであっても同様です。人数が多いだけの市場に参入しても意味はありません。

顧客化が期待しにくい層への投資が利益を圧迫

自社の商品・サービスに価値を見いだしてくれるかどうか分からない顧客を獲得すること

フェーズ1
自社のプロダクト（商品・サービス）が提供可能な便益と独自性を定める。

フェーズ2
その便益と独自性に価値を見いだす潜在的な顧客層を特定し、価値を感じているポイントや特徴を分析する。

フェーズ3
対象となる潜在的な顧客に対して、「プロダクト（商品・サービス）の提案と記憶化と想起性の確立」に投資を集中する。

中小企業のブランドは3段階で考える。商品・サービスで提供できる価値を明確化し、対象となる顧客を特定し、投資を効率的にすることが重要だ

は、一時的な売り上げ増加は期待できても、決して投資対効果や利益は高まりません。

　価値を見いだすかどうか分からない不特定多数の顧客層への投資は、顧客獲得において、得てして、価格競争に陥りがちです。これも利益性を圧迫する要因となります。

　マスブランドは安定した売り上げと利益を確立しているので、この不特定多数の領域に投資し、利益性を毀損しても、大きな問題にはなりません。ですが、赤字ニッチ、黒字ニッチ状態の企業にとってはその失敗が死活問題となりかねません。

したがって、中小企業のブランディングの成否は、「いかに、自社の商品・サービスに価値を見いだしてくれる顧客層を特定するか」にかかっています。

この潜在的な顧客層（WHO）を見極め特定し、その顧客層に高い価値を感じてもらえる便益と独自性（WHAT）の見極めが出発点です。これを特定し、自社商品・サービスの記憶化と想起率の最大化に集中することで、赤字ニッチから黒字ニッチへと拡大できます。

では、その投資を続ければ、マスブランドになれるのでしょうか。その答えはイエスとも言えますし、ノーとも言えます。各商品・サービスが提供し得る便益や独自性と、その便益と独自性を求める潜在的顧客の多さに大きく左右されるからです。

その潜在的顧客の数は、商品・サービスで提供する便益や独自性によって決まります。それ次第で、黒字ニッチからマスブランドのどこにとどまるのかが決まります。

アップルもパソコン時代はニッチブランドだった

世界一のブランドである米アップルは、1976年の創業から2000年代まで、決して今のようなマスブランドではありませんでした。しかし、アップルのコンピューターに対する技術や、デザイン性を支持する一部の熱狂的なファンを抱えていました。その特定のファンの間では、強い「ブランド」でしたが、コンピューター市場全体から見れば小規模なニッチでした。

アップルがマスブランドになったのは、コンピューター市場よりも潜在顧客の数が多い市場、すなわち「携帯電話市場」に参入した後です。2007年の「iPhone」発売以降、音楽やアプリの配信サービスによって独自の経済圏を構築しました。それらを通じて強烈な便益と独自性を提供し、圧倒的に多くの顧客を獲得し続け、マスブランドへと成長しました。

しかし、当然、事業の規模が大きくなり、顧客数が増えれば、米グーグルの「Android」を含めた競合との激しい競争に突入することになります。ブランドを維持するための投資や戦略も、複雑になっていきます。

一方で、アップルには、携帯電話市場に参入せず特定の熱狂的な顧客に支えられる中小規模のコンピューター会社として、黒字ニッチにとどまるという選択肢もありました。あえてマスブランドを目指さず、競争を避けることも選択肢の一つです。最初から商品・サービスはマスかニッチか判断はできず、対象の市場がどこまで大きくなるかどうかで後天的に決まるにすぎないのです。

実際、特定の市場で、圧倒的なシェアを獲得している商品・サービスは非常に多く存在します。ここからは、具体的な事例をいくつか紹介していきます。

函館で観光客の誰もが訪れる「ハンバーガー店」

北海道の函館に訪れると、観光客が必ず立ち寄るといわれる「函館ラッキーピエロ」というハンバーガー店があります。筆者も、この本の執筆中の24年9月に函館観光に行った際に訪れました。それまでは同店について、全く知りませんでした。

検索サービスで「函館観光」「函館グルメ」といったキーワードで検索すると、検索結果に海鮮系の飲食店や朝市と並んで、このハンバーガー店と、そのメニューである「チャイニーズチキンバーガー」が必ず表示されました。

函館と無関係に思える「ハンバーガー」「チャイニーズチキン」に、疑問を抱くばかりでしたが、まさしくこの時点で、筆者の中では函館という言葉に連想した強いブランディングが形成されようとしていました。ちなみに、驚くことに、函館市内にラッキーピエロは17店舗ありますが、マクドナルドはわずか4店舗のみです。

北海道の函館で17店舗を展開するハンバーガー店「函館ラッキーピエロ」は、県外、地元と幅広い顧客に愛されている

観光の前半こそ海鮮三昧でしたが、徐々に食傷気味になり、このハンバーガー店を訪れることになりました。

筆者が伺った店舗は、観光名所から少し離れた街中にある十字街銀座店という店舗でした。この店舗、派手な看板と装飾で100メートル先からでも分かります。

店内に入れば、なぜかサンタクロースとクリスマス関連のグッズや装飾品であふれかえっており、さながらクリスマスのイベント会場のようです。この予想外の装飾に、さらに心をつかまれました。店内には、たくさんの観光客が並んでおり、同時に多くの地元の方がテイクアウトの注文に並んでいました。

メニューを見ると、ハンバーガーだけではなくカレーや定食など多数のメニューがあることにも驚かされました。このときは折角なので、素直に看板メニューと紹介されていた、チャイニーズチキンバーガーを注文しました。

店内は、懐かしい食堂のキッチンのようです。注文後につくるため、時間がかかると事前に言われていましたが、実際に15分以上たってからハンバーガーが提供されました。15分も待ったハンバーガーは筆者の経験では日本で初めてです。

食べてみると、他では味わったことのない中華風のボリューミーなハンバーガーで確かにおいしい。個性が強いため、毎日食べたいとは思いませんが、観光という特別なイベントでの食事としては、楽しく、おいしく、そして強く記憶に残りました。

3日間の函館旅行の間に多くの観光名所、海鮮を楽しみましたが、結局、最も記憶に残ったのはラッキーピエロでの体験でした。函館に期待していた観光や海鮮は、ある意味想定通りで、ラッキーピエロだけが、予想外だったため、強く記憶に残ったのです。
あまりにも気になり、帰路、ラッキーピエロの歴史なども調べてみると、実は、まさに、本章で伝えたい中小企業のブランディングの本質が徹底されていることが分かったのです。

ラッキーピエロ創業者に学ぶブランディングの本質

中小企業のブランディングとして伝えたい要素が、ラッキーピエロのWebサイトにある会長インタビューに凝縮されていたため、その一部を抜粋の上、重要だと思う部分に傍線を入れました。また、せんえつながら、その意味を解説させていただきます。

ラッキーピエログループインタビュー 王一郎会長 インタビュー抜粋（原文ママ）

――オープンまでの経緯を聞かせて下さい

最初はホットドックがいいんじゃないかって思っていたんです。そしたらホットドックは細長いから特長が出しづらかったんです。知り合いの人にハンバーガーはどうかと言われて。ハンバーガーは日本で言うラーメン屋みたいなものだから、私がアメリカに行ったらハンバーガーを食べるに本場では美味しくて並んでいる。それが引き金になりましたね。

日本人向けのハンバーガーショップを作ればいい、そしたら幾らでも特徴を出しやすい。それでハンバーガーに挑戦したんです。我々のハンバーガーはどうあるべきかと、世界中食べ歩きをしました。

――中華的なのが特徴的ですね。

以前千葉のほうで中華料理のお店をやっていたことがありました。私が中華料理の経験があるということで、中華の美味しさを取り入れたメニューを商品にしょうと思いました。私どもの一番の商品はチャイニーズチキンバーガー。中華の技法を取り入れた中華味なんです。

ここから学べるのは「便益と独自性の追求」と、継続性を重視した顧客の頻度が高い習慣に軸を置いた商品選びです。

――話題になったのはいつ頃だったんですか？

一番最初に火が付いたのは、ライダーさん達の間でクチコミで広がって集まるようになってくれたんです。彼らはノートなんかに書くんですね。私たちにはわかりませんでしたから、どうしてこんなにライダーさん達がたくさんいるの？って（笑）。

夏になったら何台も停めて道路をふさいでしまう位でしたから。それからマスコミさんに取り上げていただいて、観光客や地元の人にも来ていただけるようになりました。函館っ子や卒業した学生さん達が、札幌や東京に行くと故郷の味ということで自慢してくれるのが嬉しいですね。

このライダーが最初に価値を見いだした顧客（ＷＨＯ）です。その価値を起点として、マスコミでの紹介やライダー間での口コミといった、潜在顧客へと広がる手段（ＨＯＷ）を自然と獲得できています。

――ラッキーピエロという名前の由来は？

私が小さい頃、テントのサーカス団が来ていたんです。毎日テントの隙間を見つけてはそこから入って観に行った記憶があります。サーカスが大好きだったので、ワクワクドキドキするサーカスのようなお店を作りたいと考えていました。

それでサーカスの中で主役ではないけれど大事なキャラクターであるピエロとつけたんですけど、ピエロってなんだか物悲しいイメージもあるので、ラッキーって付け足したんです。幸運ピエロならいいんじゃないかなって。

――函館で始められたのには理由があったのですか?

もう住み着いて38年位になりますから、函館っ子と同じだと思うんです。例えば、東京で何番目というより、地方でオンリーワンになることが面白いと思うんですね。そういう意味でも地方で根差していきたいですね。

自身の経験に基づく、印象的な店舗のネーミング、そのネーミングを体現した店舗設計、そして函館という地を付加したといったブランディングと独自性が自然と生まれています。

――地元に対するこだわりはありますか?

観光客に人気があるだけのお店は成立しません。我々が観光で行くのは地元で本当に美味しくて楽しいから。だから地元の人に拍手喝采してもらえないと、観光客はいらっしゃらないと思うんです。

例えば、イカ踊りバーガーは、函館はイカの街ですから観光客の方がイカを食べたいということで作ったメニューです。せっかく食べに来てくださるんだから、冷凍ではなくて朝取れたイカを使っていたりとこだわっています。利益は無いですけど、でもお客様が食べたいんですから。

——店舗ごとに全て差別化されていますが、フランチャイズとしては捉えていない？

そうですね。一店舗一店舗のお店が個性的で、地域のお客様にとても愛されています。例えば、ソフトドリンクの値段にしても学生の多い本町店や松陰店の120円、観光コースのお店はM150円、地域によってこれぐらい変えています。

学生街は学生さんにサービスしてあげよう、観光コースは全国から来ていただいて感謝感激150円でいいよねって。そのお店が地域にいかに密着しているか、自分のターゲットのお客様にマッチしているかどうかなんです。お客様の目的に合わせてそれぞれの個性の店を使ってくださればいいですね。

一過性の売り上げ（観光客）と継続的な売り上げ（地元の客）を連動させることで、顧客の分母を増やしながら、継続利用による利益の創出ができています。

また、複数の顧客層（WHO）への異なる便益と独自性（WHAT）をそれぞれの顧客を起点につくることで、顧客の幅の拡大に成功しています。

――それぞれの店舗に設けられているテーマはどこから生まれてくるんですか？

お店のテーマのアイデアが常に10個位あるんですよ。私が好きなものやみんながニヤっとできるものとか。私自身がまず楽しみたいし、同じものをお客様にも楽しんでいただけるのが一番だと思うんですね。そのテーマに合わせていつも資料を集めているんですけれど、家の屋根裏部屋は資料だらけ（笑）。

例えば、エンジェルの五稜郭公園前店は、前のクリントン大統領の奥様がエンジェルのブローチを使っていて世界中でエンジェルブームだったんです。その頃サンタのグッズを集めていたんですけれけど、そのついでにエンジェルも集まってきたんですよね。

最近家の中でたった一匹で可哀想なんですが、インコを放し飼いにしているんですけれど、私は小鳥が好きなので今度は鳥をテーマにしようかなって（笑）。

アイデアはいっぱい貯まっているので、立地によってこのテーマのお店って決めています。たまに他の企業に先を越されてしまうこともあるけれど、私が作ったらまた違うから。お客様は飢え死にするから食べに来ているのではなくて、私どものお店が美味しくて楽しいから来ていただけるのだと思っています。だから、帰る時にはもっと幸せになって欲しい、そういうイメージで仕事をしています。

――フランチャイズには無い個性的なメニューやサービスが魅力です。

効率化と時間という事で、我々は何となく豊かになったのかなと思う反面、本当にこれでいいんだろうかという不安を持っていると思うんですね。私どもは身体にいいもの、安全なものを一生懸命選び出して、それを手作りで提供しています。

例えば、他のナショナルチェーンさんが単価と時間にこだわるとすれば、私どもはこだわった味と楽しさですね。THEフトッチョバーガーなんて効率という事を考えたら、3個分のハンバーガーを安く出して、作るのも大変で、わざわざ鐘を鳴らしてお持ちするという手間隙をかけています。

じゃあ、私どもは何を売っているのかと言ったら、それを食べてくださる体験、面白さ、それを周りで見る可笑しさ、愉快さをお売りしているんです。私どもは、

8 小規模企業でもできるブランディング
～あらゆる事業はニッチから始まる～

チェーン店部門から考えるとメニューが多すぎるし非効率的です。

ですが、私達は常にお客様と美味しい事、楽しい事を共に分かち合いたいし、考え願っています。私は美味しさだとか良い仕事というものは、結局愛と愛が重なりあってできるものだと思うんです。

顧客に提供したい価値を明確に定義し、かつ提供者の思い込みとしての価値で終わらず、顧客の価値への転換に成功しています。また、体験を通じて記憶化につなげるブランディングも実践しています。

──一人とのつながりを大切にしているのが印象的です。

私どもの経営理念はお客様主導となっています。お店の中にあるアンケートは毎日100枚～150枚集まるんですけれど、誉めてくださった方、問題ありって言ってくださった方全て読んでサインしています。売上アップだけではなく、お客様のアドバイスをミーティングの中でものすごく真剣にやっています。つまりお客様がボスだから私どもはお客様に仕えなければならない。

現場のスタッフはお客様と接している、そのスタッフ達は一週間に一回お客様がこう言っていましたって私に報告する事になっています。つまり現場で直接言ってくれた事をもとに経営をしていく。私どものお店はお客様が喜び満足する為にあるんです。

昔のように物が豊かではなかった時代は会社が決めれたけれども、今はお客様が決める時代。だから私どもは、お客様が喜び満足されるであろうという店作り、食材、サービス等いろんな提案をするけれども、決められるのはお客様だから、自分達の表現で顧客に喜んでいただけているのかを本当にわかっているのかという

8 小規模企業でもできるブランディング
〜あらゆる事業はニッチから始まる〜

のを常に認識していないといけない。

世の中物が安くはなったんだけれど、昔より何か物足りないように感じて、顧客が安さに価値を見出せなくなっているんです。だから世の中が安くならねばならないという時に、我々は品質向上にもこだわったんです。

常に顧客を起点とし、顧客価値に焦点を定めた経営をされています。その価値に見合った価格を設定し、利益の創出につなげています。

飲食店は中小企業が多いですが、ラッキーピエロはその中でいかに独自性を打ち出し、顧客の記憶に残る体験を提供するかというブランディングの本質を追求しています。

一方、大手企業4社が市場シェアの多くを占める日本のビール市場で、独特なブランディングに成功しているのが、クラフトビール「よなよなエール」で知られるヤッホーブルー

クラフトビール「よなよなエール」で知られるヤッホーブルーイングは、創業期に低迷の打破を目指したブランディングで失敗。ネット通販を軸とした戦略に転換し、成功した

イング（長野県軽井沢町、以下ヤッホー）です。

ヤッホーのビールは、今でこそコンビニエンスストアをはじめ、多くのお店で目にするほど大きく成功しています。ですが、創業から危機を乗り越えて、現在に至るまでには、中小企業にとってのブランディングのヒントが数多くあります。

ヤッホーの創業は1997年。長野県軽井沢町にて星野リゾートの代表である星野佳路さんが設立しました。星野さんがアメリカ留学中に出合ったクラフトビールの魅力にひかれ、日本にその文化を根付かせたいという思いから始まりました。創業メンバーには、現在の社長である井手直行さんも含まれます。

日本のビール市場は大手メーカーによるラガービールが主流でしたが、星野さんはアメリカン・ペールエールというフルーティーな香りのビールを選択しました。これが、よなよなエールの特徴を際立たせました。

しかし、創業当初の成功は、必ずしも商品の評価によるものではありませんでした。94年の規制緩和を契機に、日本全国で起こった地ビールブームに支えられ、よなよなエールも「地ビール」として観光地などで売れました。

販促を強化するも、ことごとく失敗

ところが、2000年ごろにそのブームは終焉。ヤッホーの売り上げは急速に低迷します。販売促進の強化として、テレビCMやキャッシュバックキャンペーンなどを試みたも

ののうまくいかず、取引先との関係も悪化し、井手さんは最大の挫折を味わったそうです

関東地区の大手コンビニとの取引が始まったものの、結果は散々で、追加注文どころか初回納入分も売れず、在庫が山積みとなりビールを廃棄する事態に陥りました。これにより、社内の士気も下がり、井手さん自身も会社の存続に絶望的な思いを抱えるようになります。

井手さんの転機となったのは、創業者の星野さんとの対話でした。星野さんは「本当にやり尽くしたのか。とことんやってみよう」と励まし、井手さんはこの言葉に奮起し、心機一転、全力で再挑戦する決意を固めました。

その手段として、「インターネット通販」を活用。当時、ヤッホーブルーイングは大手ECモール「楽天市場」に出店していましたが、最初はその可能性を見いだすことができず、売り上げはほとんど伸びませんでした。

ですが、再挑戦を決意した井手さんは、ネット通販に自ら専念し、メールマガジンなどを通じて商品の魅力を発信していったそうです。

ネット通販で好感触を得たのは、メールマガジンや楽天市場でよなよなエールのこだわりなどを発信するようになり、「よなよなエール、おいしいです。がんばってください！」といった応援のメッセージが少しずつ届くようになったこと。

「それまで我々のお客さんは問屋さんや酒店さん、スーパーの酒売り場担当者だったため、購入者に直接メッセージをもらって初めて『よなよなエールを好きな人がこんなにいるんだ』と気づいた。そして、リアル店舗だとその店の周辺に住んでいる人がたくさん買ってくれないと棚から落ちてしまうが、ネット通販で全国に点在しているこういう嗜好の人を拾っていけたら、会社が存続できるんじゃないか」

と考えるようになったと、井手さんは言います。

ヤッホーはネット通販に活路を見いだしたことで、低迷の脱却につながった

さらに、タンクで長期熟成させたビールを1本3000円という高額でメルマガ読者向けに販売したところ、100本が数時間で完売しました。

100人に1人でも熱量の高いファンがいれば成立する

「100人のうち1人でも熱量の高いファンがいれば、シェア1%を取れる。ただ、それだと酒店やスーパーの棚には残らない。つまり、コンセプトと流通のシステムが合っていなかったということ。ネットがなかったら、このポジションに来ていなかった」

と井手さんは振り返ります。「熱量の高い顧客が1%いればいい」。この発見がまさに、ブレークスルーの瞬間になりました。次第に「よなよなエールを愛している」という熱狂的なファンが現れ、ネット通販は収益の大きな柱となっていきました。

ヤッホーは「楽天ショップ・オブ・ザ・イヤー」を何度も受賞。顧客とのコミュニケーションをさらに深めていきました。特にファンイベント「よなよなエールの超宴」を開催することで、リアルな場での交流も重視し、ファンとの強固な関係を築き上げました。

ヤッホーのように、デジタルマーケティングやネット通販の発達は、マスメディアしかなかった時代に比べて、中小企業が少ない資本で重要な顧客層を特定し、効果的にリーチすることを可能にしています。

このような取り組みにより、ヤッホーはクラフトビール市場でトップブランドになり、一般の小売り店の棚でも目にするブランドへと成長したことは、ご存じの通りです。

函館のラッキーピエロと同様に、食品の商品価値の根幹である「味」の便益と独自性を追求する重要性、その価値を記号化として記憶化することの重要性が見てとれます。

さらに、当初は決して多くはありませんでしたが、商品に便益と独自性に価値を見いだしてくれる顧客を見つけ、定義し、そこに投資を集中しました。それによりブランディングの効果が発揮されて、特定の顧客層での高いシェアを取る黒字ニッチへと段階が進んだことが学べます。

8 小規模企業でもできるブランディング
～あらゆる事業はニッチから始まる～

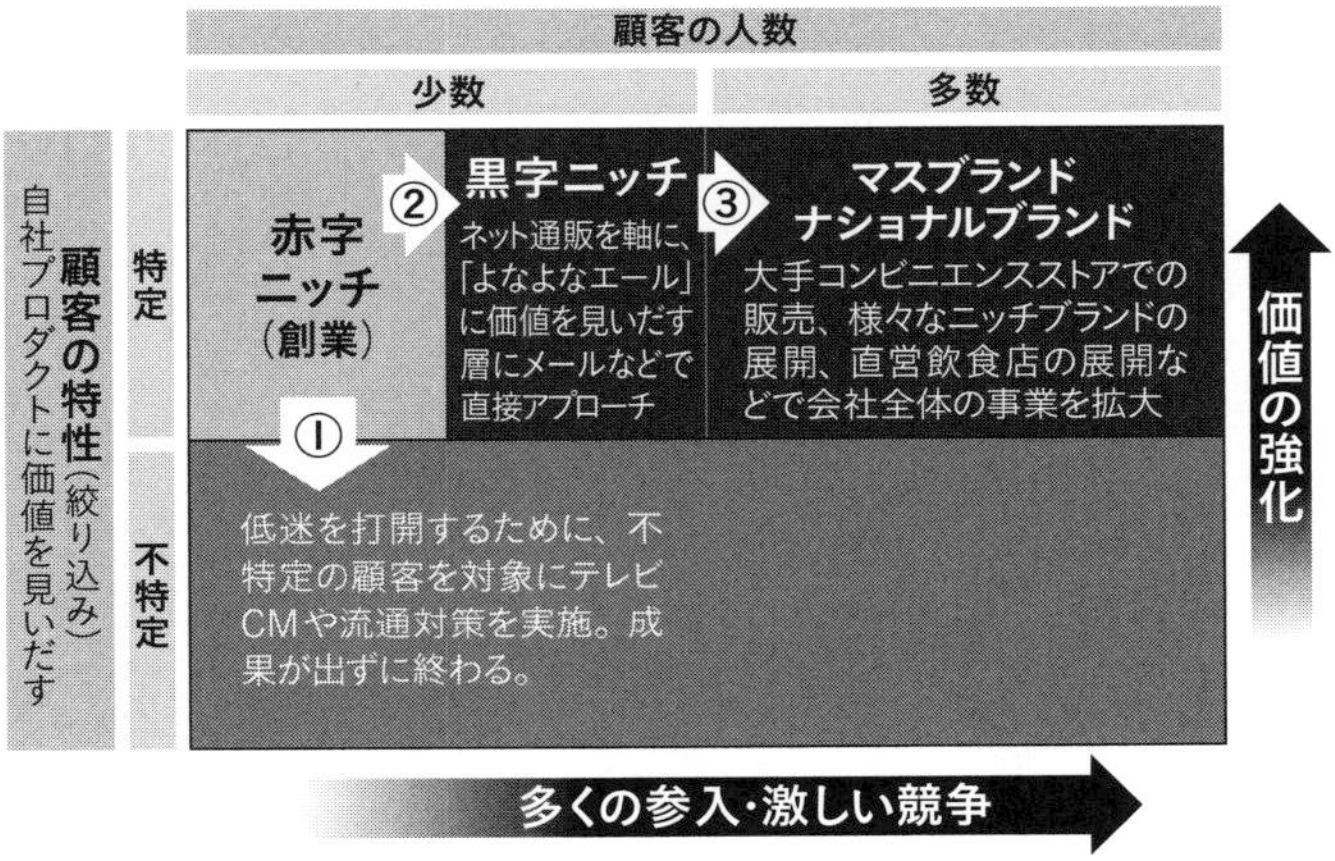

ヤッホーが最初に取り組んだ不特定層を狙ったブランディングは、成果が出なかった。ネット通販の活用で商品に価値を見いだす層に的確にアプローチしたことが打開策となった

ヤッホーのブレークスルーにつながった事実を、本章の冒頭で紹介した概念図で考えてみましょう。

ヤッホーは当初、赤字ニッチからの打開策として、テレビＣＭの放送、キャッシュバックなどのキャンペーン、大手コンビニを展開しました。このような不特定層を一気に取り込むことを狙ったブランディングでは、新規顧客はあまり生まれませんでした。

その後、よなよなエールが持つペールエールとしての便益と独自性に価値を見いだしてくれる潜在顧客に対して、ネット通販を通じて継続的に提案しました。これにより時間はかかりましたが、安定的な成長を実現しました。さらに商品に価値を感じた顧客から新しい顧客の獲得につながり、低迷を打開したことで黒字ニッチの状態へと成長を遂げました。

事例に学ぶ「2つのブランディング基本戦略」

これらの2つの事例から、中小企業のブランディングの基本的な戦略は2つが導き出せます。

1つめは、「自社の商品・サービスに備わっている強い便益と、他の選択肢を選ばない独自性を定義する」。そして、その価値を見いだす顧客を特定し、その顧客層に絞り込み、愚直に提案し続ける」こと。そして、2つめは「価値を見いだしてくれるかどうかが分からない不特定多数に提案するような施策や投資は避ける」ことです。

8 小規模企業でもできるブランディング
〜あらゆる事業はニッチから始まる〜

ラッキーピエロは、調理に時間がかかっても得られる特別なおいしさと楽しい体験を、函館という地域と観光客に絞り込んでブランディングを活用して黒字ニッチとして成長しています。

ヤッホーはペールエールのフルーティーな独自のおいしさを、ネット通販とデジタルコミニケーションを駆使して、全国に点在する潜在的な顧客に絞り込み、ブランディングを活用して黒字ニッチとして成長しました。

その先に、黒字ニッチからマスへの拡大がありますが、それは市場の特性次第です。潜在的な顧客が多ければ、世間の誰もが知るようなマスブランドへの道が開ける可能性があります。

ですが、しつこいようですが、全てのブランドが、マスブランドを目指す必要はありません。あくまで、事業として安定的に利益が得られて、明確な便益と独自性に価値を見いだし顧客が購入し続けてくれる継続性の確立こそが重要なのです。

次に少し視点を変えて、ＢｔｏＢ事業の中小企業のブランディングを考えてみます。

結論から言えば、ＢｔｏＢのブランディングも、これまで紹介してきた事例と同様、価値を見いだす顧客を特定して、赤字ニッチから黒字ニッチを目指すという構造は全く同じです。

顧客が自社の商品・サービスにどのような便益や独自性に価値を見いだしているのかを特定し、その価値を求める顧客を特定分類する。その顧客に対して、絞り込んで営業を行い、新規顧客を開拓する。その際に、記憶に残りやすいような社名やロゴを付けるブランディングによって、想起率の最大化を心掛けます。

ＢｔｏＢも根本的なブランディングの構造は同じ

筆者が関わった独立系素材メーカーの事例を紹介します。同社はビルやマンションに使われる配管の製造販売をしていました。一般的に配管は鋼管や銅管が中心。ですが、その企業は新しい素材で、軽量かつ加工しやすい配管を開発し、建築の孫請けや下請け企業に販売していました。

主な便益は、「軽量で扱いやすく工事の負担が少なく、現場の作業担当者の負担も軽減できること」でした。しかし価格が高いことから、期待したほどは売れていないという課題を抱えていました。

配管は、施主となるデベロッパーが担当しているビルやマンションなどの建築に使われます。孫請けから始まる長いバリューチェーンの最終的な顧客は、ビルやマンションの購入者です。

このバリューチェーンにおける最終顧客がそれぞれ求める便益と目的を読み解けば、重要な最終便益は、その建築物の所有者や購入者の満足度になります。では、その最終購入者は、何に潜在的な便益を見いだしているのでしょうか。

ビルやマンションは何十年もすれば劣化し、修繕費用が発生し、転売の際の価値も大きく変わります。建築物に何らかのトラブルが出れば、その価値は大きく下がります。

支援した企業が孫請けに提供している新素材の配管は、鋼や銅に比べて腐食しにくい素材だという特長がありました。そのため、修繕やトラブルによる、ビルやマンション自体の価値毀損の可能性が低いことを便益として提案できることに気付いたのです。

以降、従来の軽量で扱いやすく負担が少ない便益で孫請け会社に配管を販売する一方で、「腐食しにくいため長期の経年劣化に強く、建築物の価値を損なわない」という便益と独自性で新たな顧客を開拓し、事業を拡大しています。

この事例は、自社の商品・サービスが持つ潜在的な独自便益に気付くことで、それを自社の特徴として押し出すブランディングで、数ある配管素材の競争の中で記憶化、想起率の強化も行っているのです。

最後に、ＢtoＢ分野の関係者でなくても参考にできるリポートとして、経済産業省が発表しているグローバルニッチトップを紹介します。

8 小規模企業でもできるブランディング
〜あらゆる事業はニッチから始まる〜

経済産業省は、世界市場のニッチ分野で勝ち抜いている企業や、国際情勢の変化の中でサプライチェーン上の重要性を増している部素材等の事業を有する優良な企業を、「グローバルニッチトップ企業」として選定。認定と表彰を通じ、対象企業の知名度向上や海外展開を支援するとともに、新たにグローバルニッチトップを目指す企業における経営上の羅針盤として提供しています。

この資料では100社の事業内容とビジネスモデルを分かりやすく解説しており、BtoB関係者ではなくても参考になるので、一読をお勧めします。

本章では中小企業のブランディングに関して、大手企業やマスブランドとの違いを概念図と具体的な事例で解説しました。

ブランディングは決して、難しく、アート性が高く、高尚なものではありません。顧客と商品・サービスを結び付け、価値を最大化するための手段であることを理解していただけたかと思います。

ここまでお読みいただいた読者の皆さんには、この中小企業の視点と概念図を見ながら、再度、第1章からブランディングの罠、誤解、本質に関して復習していただければ幸いです。

中央大学 名誉教授・日本マーケティング学会 元会長

田中 洋氏

×

Strategy Partners 代表取締役社長 兼
Wisdom Evolution Company 代表取締役社長

西口一希

西口一希（以下、西口）　「会計」などは一定の国際ルールが定められており、「科学」や「物理」などは普遍的な法則性がありますが、田中先生もご存じのように「マーケティング」「ブランディング」といった言葉は、普遍的な法則もルールもなく、ユニバーサルな定義が存在しません。

私は35年ぐらいマーケティングに携わっていますが、マーケティングという業務領域はそもそも言葉の定義が曖昧なため、無駄な投資をたくさんしてきました。そうした成功と失敗を積み重ねる中で、自分なりの定義をつくったので、ま

中央大学 名誉教授・日本マーケティング学会 元会長 田中 洋氏（左）、Strategy Partners 代表取締役社長 兼 Wisdom Evolution Company 代表取締役社長 西口一希（右）

ずはそれを説明させてください。

「マーケティングとは企業が顧客のニーズを洞察し、価値を生み出して、利益を得る。その利益を再投資し、さらなる価値をつくる。こうした継続可能な循環をつくる企業の活動である」

経営とマーケティングは何が違うのかと、よく聞かれます。企業規模が大きくなるにつれ、経営は、複数の事業をどのように組織として大人数で展開していくかという比重が大きくなります。ですが、創業期の単一事業の立ち上げから利益化のころは、経営とマーケティングはほぼ一致しています。したがって、個別事業に対する経営はマーケティングと同義であり、複数事業を束ねる組織と大人数を対象にすることを経営と定義しています。

そして、マーケティングを行う事業において、顧客が自社の商品・サービスに対して見いだした価値を忘れられては困ります。そこで、商品・サービスの持つ価値を顧客にとって記憶化しやすくし、想起率を高めるための行為や手段が基本的なブランディングです。

おいしいラーメンだったと商品が評価されても、後日に店名を思い出してもらえない、あるいはテレビCMで見て寝心地のよさそうな布団だという印象を与えることには成功したのに、いざ購入を検討する段階でブランド名を思い出してもらえない。こうなるとブランディングは失敗しており、その上位概念としてのマーケティングが不十分だと考えています。

田中　洋氏（以下、田中）　「マーケティングやブランディングに大きな誤解がある」というのが今回の対談の前提になっていると思いますが、それには私も同感です。私は40年前に米国に留学していて「マスコミュニケーション」を専攻していましたが、マスコミには定義に対する問題提起はありませんでした。

ですが、それに付随して、マーケティングについて勉強し始めたところ、その定義は日本や米国のマーケティング専門団体で異なっている。定義がこれほどばらばらな業界は珍しいと思いました。

私も西口さんがおっしゃる「継続性を重視している点」は同感しています。顧客との取引は1回だけで終わるわけではありません。私自身はマーケティングの定義について、「エクスチェンジ（交換）」をベースに考えています。

エクスチェンジというのは、売りたい人と買いたい人の利害を一致させ、売り買いを成立させることが根底にあります。マーケティングは顧客のニーズを優先的に考えることで、この利害の一致という問題を解決していくことだと理解しています。

この継続的な利益を生み出すという中で、私は「ブランド」という考えが入ってきたと考えています。「ブランドとは売れ続けるための戦略である」と言ったことがありますが、まさしく顧客と継続的な関係性を構築することが前提にあります。

次にブランドとブランディングの定義について。私が広告代理店で働き始めた1980年代には、ブランディングという言葉は既に存在していました。ですが、当時のブランディングといえば、非常に狭くて、ブランドのロゴやパッケージデザインや広告に応用したときのビジュアルを指していました。

少し話題とはずれるかもしれませんが、「ブランドイメージ広告」というアイデアを考えたのはデビッド・オグルビーというコピーライター出身の広告会社経営者でした。

コミュニケーションだけでは差別化できない時代

彼が1951年に制作した「ハザウェイ・シャツを着た男」という雑誌広告は、ハザウェイシャツを有名にしただけでなく、オグルビーの名前も有名にしました。20世紀は確かにブランドイメージの時代だったと考えられると思います。

ですが、それは、ワイシャツのような差別性の乏しい工業製品が大量に出てきた時代、広告による差別化が機能した時代だったからだと思います。しかし、21世紀にはそのような時代は終わったと私は考えています。

ブランド戦略は「経営」「マーケティング」「コミュニケーション」の3つの層から成り立っていると私は考えています。西口さんが指摘されている誤解とは、コ

コミュニケーションだけでブランドを差別化できる時代は終わったと、田中氏は話す

ミュニケーションのことだけを指したブランド戦略のことだと思います。

西口さんは商品・サービスの持つ価値、つまり便益と独自性を重視して、それを記憶化して、想起しやすくし、購入につなげていく手段と定義しています。このようにブランディングを広く捉えることに、異論はありません。

私もブランド戦略は、ブランドの価値を高める総合的な活動と捉えています。ただ、実際には事業の現場ではブランディングという言葉は定義が曖昧で、ややこしくなるので使わないようにしています。そこで、ブランドに代わる言葉として、「商品についての認知システム」と呼んでいます。

例えば、京都の清水寺に続く二寧坂には古民家が連なっていますが、その中の一軒にスターバックスコーヒーのロゴを見つけられます。それを目にしただけで、どんなサービスを提供しているのか、店内がどんな雰囲気なのかをすぐに想像できます。

ロゴを見ただけで過去の利用経験から、体験、商品のイメージが連想されるからです。これを認知システムと呼び、マーケティングにおいて重要だと考えています。

西口　田中先生はどういうブランドを目指すのかをブランド戦略として捉え、その実行戦略として誰に何を売るのかというマーケティング戦略、経営資源を司る経営戦略、それを顧客にどのように伝えるかをコミュニケーション戦略だと整理されています。

私のマーケティングと経営の捉え方とは異なりますが、先生の整理には納得しています。このブランド戦略でつくり上げるものとして認知や知覚品質などを整理されていますが、私は、顧客の心の中に記憶されるものをまとめて「連想イメージ」としています。

ですが、この顧客の記憶にある連想イメージの中には購入行動につながるものもあれば、つながらないものもある。これを多くの事業主は誤解しています。どれだけ特定のブランドイメージを強化しても、その特定イメージが購入行動と無関係では、認知は得られても、その顧客からの売り上げ向上は期待できません。

事業主側がそうありたいと、自社商品やサービスに期待する「ブランドイメージ」と、顧客が実際にブランドに抱いている認知や記憶としての「ブランドエクイティ」を区別してない場合が非常に多い。ブランドに対して、事業主が「思い」や「期待」として理想イメージを持つのはかまいませんが、顧客がどう捉えるかは分かりません。

重要なのは、顧客が、そのブランドを

顧客がブランドに抱くイメージは購入につながるもの、つながらないものがある。それを区別なくブランディングすると無駄な投資になると言う

買い続けたいと思えるイメージを記憶して持ち続けてもらうことです。その区別がないままに、多くの無駄なブランディングが行われています。

田中先生と初めてお会いしたころに、社長を務めていたロクシタンジャポン（東京・千代田）では、「2年で利益を3倍にする」という使命を与えられました。

ロクシタンのグローバル戦略の穴

ロクシタンに参画したころ、特に北米で雑多な雑貨店のような認識になっていました。これを危惧したグローバルのマーケティングチームを束ねるCMO（最高マーケティング責任者）と経営陣は、「プレミアムスキンケアブランドを目指す」という新たな戦略を打ち出しており、その説明を受けました。

グローバルチームの間では、この戦略転換の合言葉のように「L'OCCITANE is not

gift anymore.（ロクシタンはもはやギフトではない）」という言葉が飛び交っていました。ですが、私には違和感がありました。

日本でも非常に売れているロクシタンの人気商品にハンドクリームがあります。データを見ればこれを愛用し、ギフトとして友人や知人にプレゼントするような層はＬＴＶ（顧客生涯価値）が低い。一方、スキンケア商品のオイルを使っている層は少数だがＬＴＶが高い傾向がありました。

年間の業績を利益で見ると、年間ユニーク購入者の中の約20％弱の顧客が１００％の利益を生んでいました。そのロイヤル顧客はスキンケア商品を買い続けてくれています。残りの80％超の顧客は売り上げには貢献していますが、利益には貢献していません。この層が、ハンドクリームや新商品などを主にギフト目的に買っている人たちでした。

このデータだけを見れば、一瞬、グローバルチームの戦略は合っているようにも思えました。

ですが、現実的にはロクシタンをスキンケアブランドだと認識している顧客は一部しかいません。当時はロクシタンの顧客における、スキンケア商品の認知度は10％以下でした。また、購入行動として、そもそもスキンケアから入る顧客は非常に少ないことが分かりました。

しかも、現場の販売員などに聞けば、「日々の売り上げの9割近くがギフト目的です。新規顧客に限れば、スキンケアを目指して来られる方などいません」と言います。

この収益構造を見て、ギフトを捨ててスキンケアに特化するのは、ブランドをゼロから立ち上げるようなリスクしかなく、2年で利益性を上げる戦略としては全く不適切だと分かりました。

むしろ、ロクシタンはギフトや新商品の強化により、まず集客する。来店時に接客の中で必ずスキンケア商品を推奨して、最初の一品として最も継続リピート率の高いオイルを使ってもらうという戦略に変えました。

この方針転換を進める上で、グローバルチームと大議論になりましたが、別の国でも同様の傾向があるという話になりました。グローバル会議でも何度も大もめになり、実質的に、グローバル戦略が動かない状態で、強引に国ごとの戦略を推し進めました。

少しずつ結果が伴う中で、当初に提案されたグローバルチーム戦略は採用されないまま、2年が過ぎ、なんとか利益目標を達成できました。グローバルチームとの関係はひどい状態になってしまいましたが、目標の達成のために、明らかに適切でないグローバル戦略を採用するわけにはいかなかったのです。

売り上げ拡大を特に期待されていた米国でギフト目的の安売りの雑貨のようなブラン

ドになっている状況で、プレミアムなスキンケアブランドに生まれ変わりたいと考えた事業主としての気持ちは分かります。

そのときのメタファーは「プロヴァンス発の自然派高級スキンケア」でしたが、ほとんどの既存顧客がそういうブランドだと認識していません。新ブランドでも立ち上げない限り、２年やそこらで、そのようなブランドになれるわけがありませんでした。

企業と顧客の持つブランドイメージの接点を見つける

田中　顧客がブランドに対して抱いているイメージと、事業側が目指すブランドイメージのギャップはよく生じます。「顧客は同じイメージで飽きているから、新しいものの提案が必要だ」と安易に考え、訴求ポイントを変えるケースがありますが、本来ブランド戦略とはそういうものではありません。

ブランド戦略では、顧客がブランドに対してどのようなイメージを抱いているかを探り、自分たちがどうあるべきかという接点を見つけていくことがとても重要です。

もう一点、「ブランド価値を高める活動」というのは、知名度を上げる、ロイヤルティーを高めるなど、様々なゴールがあり、どれを高めるのかは企業次第です。ですが、結果的に売り上げや利益に結び付けることが前提です。

売り上げを上げるには、必ず自社の資

田中氏はブランディングをする上では、営業などの経営資源と連結することが大切になると言う

源と連結しなければなりません。いくらブランドが有名でも、小売店の店頭に並んでいなければ全く売れません。ブランド価値を高めると同時に、経営資源と連結することが重要です。

西口 当時のロクシタンのグローバルチームはそこまで細かく考えず、カテゴリーの売り上げ構成と利益率の違いと社内議論を重ねた「期待」としてのビジョンだけで、スキンケアブランドになろうと考えていました。ですが、現実はそう甘くはありません。

新ブランドではなく、非常に多くの既存顧客がいます。そのほとんどが、ロクシタンはハンドクリームやギフトのブランドだと認識しているため、いきなりスキンケアの商品を薦めても納得できません。シャネルが、急に、自然派のハンドクリームブランドになれないのと同じことです。

ロクシタンの場合、重要な経営資源である、はずれのない誰でも喜ぶハンドクリームとギフトイメージで来店を促す。そして、圧倒的な対人コミュニケーションが可能な店舗の販売員という独自資源を使って、ギフトを売りつつ、接客の中でスキンケアを徹底訴求することでした。

田中 西口さんが取り組んだのは「浸透率」にも関連する話ですね。ブランドの浸透率を高め、ライトユーザーを増やさないと、ミドルやヘビーユーザーに転換できません。ですので、既にある資産を使い、ギフトでライトユーザー層の獲得を強化したことは納得できます。

コミュニケーションだけをやって、ブランドが高級化することはありません。ブランド戦略をやるなら経営、マーケティング戦略が前提です。私に言わせればブランドを意識する経営戦略はありますが、「純粋なブランド戦略」を持つ企業は存在しません。

ですが、日本企業はそもそもマーケティングそのものができてないという課題が少なからずあります。

西口さんのご指摘の通り、商品・サービスの便益や独自性が弱いのでは、強いブランドになるための基礎条件が整っていないのではないかと思います。基本的なマーケティングができていないところでは、ブランド戦略ができるわけがありません。

まずは、そのブランドがどのように顧客の課題解決につながっているかをデザインできていなければなりません。

そのために必要な一つの考え方は、イノベーションではないかと思います。「コカ・コーラ」にしても、「マクドナルド」にしても、ある種のイノベーションの体現者です。それまでになかった新しい便益を提供することでブランドになったことは確かだと思います。それを第一にやらないといけません。

「ブランド戦略」を明確に持つ企業は存在しない

西口 おっしゃる通りです。これまで私は380を超える企業の相談に乗りましたが（2024年10月時点）、ブランド戦略を明確に持っている企業はありませんでした。

企業側が期待とする思いこみのブランド像がほとんどで、顧客が記憶し、購入行動につながるような評価をしているブランドイメージとはかなりずれているケースが多いです。そこで、顧客起点でのブランド戦略のつくり直しを提案しますが、それはうちのブランドではないとして、結局、自社の理想的なブランド像だけに入りこんでしまう。

「購入行動につながらないブランディングをしたいのか」と尋ねると、口をそろえて「やりたくない」と言います。ところが、実態は、購入につながるかどうか分からない思いこみのブランディングに投資しています。ブランドとは顧客の心の中で成立するものです。理想像は大事ですが、理想像だけを押し付けようとすると、無駄な投資が発生します。

田中 ブランドをどれだけ意識して、経営やマーケティングをできるのかが重要です。ブランドをつくる場合には、時に売り上げを犠牲にするケースもあります。

ソニー創業者の盛田昭夫氏が米国へ進出するために、取引先にラジオを紹介したところ、OEM（相手先ブランドによる生産）を提案された。ですが、盛田氏はソニーの名前で売るために、この提案を断ったという逸話があります。目先の売り上げよりもブランドを優先した、意思決定でした。

西口 一例として、説明したい事例があります。私は2000年代前半に、プロクター・アンド・ギャンブル（P&G）で日本と韓国の小売り業向けのショッパーマーケティングの導入責任者をしていました。

ウォルマートに学ぶ「ブランドの本質」

そこで、米国の上位10の小売企業を回って、どういう戦略とオペレーションをしているのかを聞いたことがあります。その中で、ウォルマートとKマートの戦略の違いが印象的でした。

図（左ページ）はイメージですが、新店舗をオープンする際に、ウォルマートでは、ゆっくり売り上げと利益が上がっていく。一方、Kマートは一気に立ち上がって、徐々に落ちていきます。おおよそ、そういう傾向でした。

Kマートは、新店をオープンすると販売促進策に大きなコストをかけます。開店の特売や目玉商品の安売りなどで集客するため、瞬間的な来店者数と売り上げは出ますが、費用が大きいために、利益率は非常に低い傾向にあります。

一方、ウォルマートはそういった特売をあまりやりません。基本的には、「エブリデイ・ロー・プライス（ＥＤＬＰ）」を掲げ、極端な特売ではなく毎日安く商品を提供します。もっとも、短期間で見れば特売をするＫマートのほうが安いため、顧客が流れます。

ですが、長期で見るとＫマートは、初期の開店セールの後の売り上げの落ち込みが大きく、利益の回収も遅い。一方、ウォルマートのほうは派手な売り上げ増加はありませんが、安定的に売り上げが上がって、結果、累計の利益が大きいた

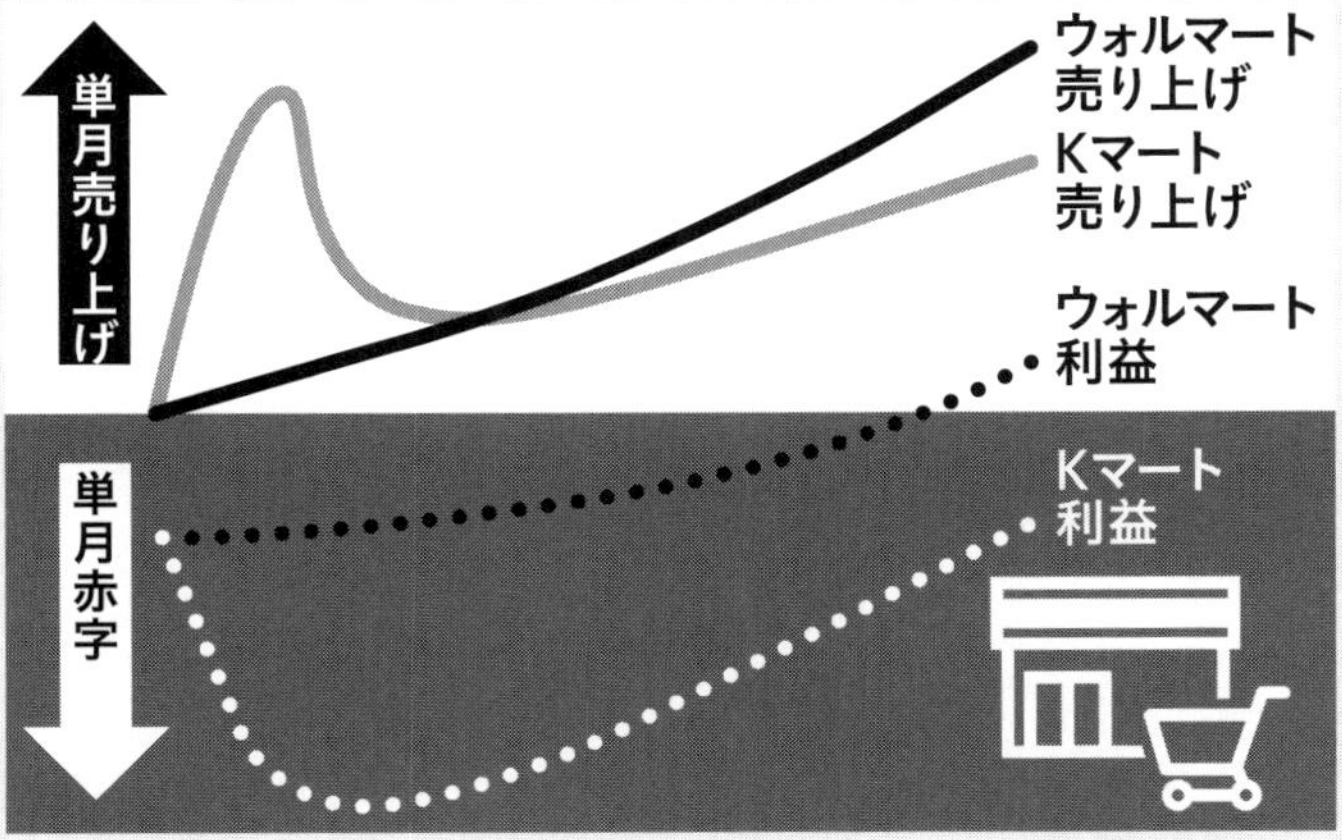

「Kマート」は新店オープン時に大々的な販促を仕掛けるため、瞬間的な売り上げは立つが利益の回収が遅い。一方、「ウォルマート」は極端な特売をしないため短期的には売り上げで負けているが、長期視点では高利益率になる戦略を取っていた

め、新店舗オープン後の利益の回収が早い傾向にありました。

ウォルマートは、ＥＤＬＰが最も顧客に信頼されリピートにつながること、そして目玉商品がなくても習慣的に来店されるリピート顧客からしか高い利益が出ないことを知っているからです。

ＥＤＬＰはいつでも安心、いつでも安い。短期間ではなく、「長期で見ておしなべるとウォルマートのほうが安心でお得」という信頼イメージの構築が最も効果的だから、このような戦略を取っていました。ＥＤＬＰしかやらないと、人件費や物流費や在庫管理を含めた店舗オペレーションにかかる販売管理費も抑えられます。

この話を聞いた当時、小売り業のＥＤＬＰ戦略の強さとして納得できました。加えて、一般の消費財だけでなく、全ての事業に関わるブランディングの本質であり、短期と長期での売り上げと利益の違いとその関係を明確に表していると感じました。

ウォルマートはEDLPを掲げており、顧客もそういう認識を抱いている。つまり、EDLPを一貫することで、「いつでも安い。だから、あれこれ悩まず、買い物ならウォルマート」というブランドイメージをつくり、ブランドとして強力になったのです。

一方、Kマートは安いときに行く店というイメージのブランドになってしまった。それが、その後の結果に表れていました。この小売り業での気付きは、その後の、私のキャリアにとって非常に大きな影響を与えてくれました。

米ウォルマートの事例から、短期的な売り上げよりも、長期的な利益を生む発想がブランディングでは必要になることを学んだと話す

田中　興味深いですね。Ｋマートは新店を出して、プロモーションで「チェリーピッカー（特売品や安売りセール品のみを購入する顧客）」は引き寄せられるものの、それ以外の人は引き寄せられないという構造になっていたのかもしれません。

西口　当時もチェリーピッカーの話は出ていました。しかも安売りをすると、そもそもチェリーピッカーではなかった顧客もチェリーピッカー化してしまい、利益が出ない構造になってしまう。そのため、価格だけで顧客を引っ張ってはいけないというのは印象的でした。これはものすごく本質的です。

先ほど対談前の雑談で、田中先生とスターバックスコーヒーの歴史について話題になったので「ブランドの歴史」という切り口で、お話しさせてください。

ご存じない方のために、説明しますと、スターバックスの創業期はコーヒー豆の卸売り業でした。当時、従業員だったハワード・シュルツ氏がイタリアのスタンディングバーでカプチーノを飲んだ経験に憧れて、米国で独立し、カフェ事業を開始。やがて、スタバを買収し、そのブランドで事業を拡大しました。

そのカフェ事業も、最初はイタリア式のスタンディングバーでした。ですが、居心地をよくするためにソファなどを用意するなど、様々な改善を繰り返し、長年の試行錯誤の結果、現在のスタバの店舗ができあがりました。

シュルツ氏がスタバを創業するにあたりイタリア的な店舗をそのまま持ち込んでも、米国の顧客にはそのままでは受け入れられなかった。そこで、顧客のための居心地のよさを突き詰めて、価値を生み出しました。

創業者が顧客にどういう価値をつくりたいと思って事業をつくったのか。それが明文化されてない企業は多いのですが、そこにこそブランドの本質があります。

ですが、こうしたスタバの起源を知る人は減っています。田中先生は「起源の忘却」と名付けて指摘されていますが、本来ブランドとは試行錯誤の末につくられたものです。

「起源の忘却」でブランドの強さを喪失

田中　シュルツ氏はカフェを始めた当初は店内の音楽をオペラにして、メニューの表記をイタリア語にしていました。ですが米国の顧客とイタリアの顧客では、居心地のよさを感じるポイントが異なります。そこで改善を加えていき、今のスタバの姿になったと本人の著書に書かれています。

ブランドとはそういう色々な失敗をへて、徐々につくられているのはその通りです。本書の中で指摘されている米アップルの広告の失敗事例は、大変貴重なご指摘だと思いました。あのアップルにしても、まっすぐ成功してきたわけではなくて、失敗を重ねて今があるということになります。

現在、強力といわれるブランドは長い時間をかけて市場で育ってきたものです。その結果だけを見て成功の要因を抽出することは困難です。西口さんが指摘されているように、第三者によるブランドランキングを眺めているだけでは何かを得ることはできません。

創業期にイノベーションによって顧客の支持を得たブランドは、当初は限られた人にしか支持されていません。この初期段階では、経営やマーケティングが重要です。

しかし、その後、ブランド名だけが市場の中で独り歩きをして著名になっていきます。この段階では、広告やプロモーションが大きな役割を果たします。マクドナルドや高級自動車の「メルセデス」はこのような歴史をたどってきたと思います。

ところが、ブランドは市場に拡大する段階で初期のイノベーションのありかが忘れられていくことになります。これを私は、起源の忘却と呼んでいます。

西口　創業期の思いが明文化できておらず、本質的な価値を見失うケースは多いです。ですが、中には創業時に生まれた価値を一貫できているブランドもあります。スポーツブランドの「ニューバランス」もその一つです。

本書でもブランディングの効果測定を説明するため、スニーカーブランドを対象に調査しました。その調査においても、多くの顧客からニューバランスのスニーカーは「履き心地が良い」「足にフィットする」といった点が圧倒的に評価されていました。根本的にはリピーターはこの点を強く支持しています。

そこで、ブランドの起源をたどったところ、靴の補整器具（インソール）にありました。１９０６年の創業時、創業者は靴をつくったのではなくて、労働者が働きやすくなるために、既製品の靴を顧客の足に合わせるための補助から、事業を始めていたのです。

創業から50年以上たち、ようやく靴の製造に入ったのは１９６０年代です。その思いが、ニューバランスの社内でどう受け継がれているかは分かりません。ですが、今でもニューバランスのスニーカーは一般的なサイズ展開に加え、横幅のサイズもバリエーションがあります。人の足に合わせるという祖業の軸からぶれずに、各国で履き心地の良さを追求しています。

ブランドの体験を構成する要素として、多くの場合は、その創業に起因するものがあり、ブランドの根本的な価値はそこにあるのではないかと思います。

田中　非常に興味深い話ですね。以前、ラグジュ

創業期に立ち返ることが、ブランドの本質的な価値の理解につながると話す

アリーブランドで働く人と話していて、どういう人をブランド担当者として雇いたいかを聞いたら、「ブランドを理解している人を雇う」とおっしゃっていました。

創業のスピリットをそのままとはいかないかもしれませんが、再解釈しながら、時代のニーズに合わせて展開していくことはブランドにとって、とても大切です。

西口　ロクシタンの話に戻ると、創業者はもともとアーティストでした。プロヴァンス地域の植物から抽出したエッセンシャルオイルを、かわいい小瓶に詰めてギフトとして売ることから始めたものの、赤字続きでした。

その後、絵の具のチューブにハンドクリームを入れたらかわいいというアイデアを思いつき、売り出すと、それが大当たりしました。お土産として大人気となり、さらに共同創業者が加わり、投資を加速して世界中で大きく売り上げを上げました。

先ほど、かつてのグローバルチームがロクシタンはもはやギフトではない、と口にしていた話をしましたが、実はこれは祖業から離れる言葉です。創業者が最初に顧客に受けたのは、かわいいハンドクリームのギフト価値です。そこから派生して、スキンケア商品を薦めるのはかまいませんが、ブランドの存在価値や意味は、多くの場合、創業期にその秘密があるものなのです。

そこを考えずに、後の事業担当が、短期間の売り上げの視点で戦略を考えるのは非常にリスキーだと思います。もちろん、古い商品やこだわりに小さく閉じこもっているだけではなく、イノベーションは必要です。ですが、それは必ずしも創業の起源や理念を否定することではありません。

成功しているほとんどのブランドは必ず、創業期に得た成功のエッセンスが今でも保たれています。

スタバのシュルツ氏が目指したのは居心地のいい、コミュニケーションできる空間。決してイタリアのスタンディングバーでもオペラでもなく、顧客に合わせて居心地のよさを目的として最適化していったにすぎません。

成功企業に「ドリーマー」と「プラクティショナー」

田中　ロクシタンの話はおもしろいですね。私は「ドリーマー(夢想家)」と「プラクティショナー(実業家)」と呼んでいますが、アーティスティックなセンスの持ち主と、ビジネスセンスの持ち主が合致することがイノベーションには重要だと考えています。大成功した企業はソニーの盛田氏と井深大氏のような、ペアで創業していることが多い。

西口　アップルもそうですね。創業者の一人スティーブ・ウォズニアック氏は技術力を持っていましたが、商売する気がなく、基盤を無償で配っていました。これにスティーブ・ジョブズが目を付けたことが起業につながりました。

田中 ジョブズ氏は「僕たちは顧客の声は聞いていない」と言っていましたが、あるインタビューでは小売りや顧客に話を聞いているという発言もされていました。

そのときは話に一貫性がないという印象を受けましたが、今思えばジョブズ氏にとって一番の顧客像が自分だったのではないかと思います。確かに、「iPhone」は顧客の声を真に受けて、開発されたものではないでしょう。ですが、顧客の声を聞き、自分の中でそしゃくし、再解釈するプロセスをへて、生み出されたのではないでしょうか。

西口 私もアップルのファンで、ジョブズ氏の伝記や、取材記事も数多く読んできました。その中で、ジョブズ氏の顧客は自分自身ということを一貫していると感じています。自分が欲しい商品をつくるために、傍若無人ともいえる経営をしてきました。その結果としての成功体験は強烈ですが、アップルも多くの失敗をしています。

アップルでCDO（最高デザイン責任者）を務めたジョナサン・アイブ氏のデザインも、

成功したのはごく一部です。アイブ氏がデザインを手掛けた「Power Mac G4 Cube」は最高傑作とされました。記者の取材に対し、ジョブズ氏は「デザイナーは一人残らず買うことになる」と答えたと言われていますが、発売からわずか1年で生産中止を発表しました。

ジョブズ氏はそうした失敗を積み重ねる中で、自分の中の顧客像を明確にしていったのではないでしょうか。私はマーケティングアイデアを得る上で、目的に合わせた一人の顧客を徹底的に掘り下げる「N＝1」を提唱しています。ジョブズ氏にとって、そのN＝1の対象こそが自分だったのだと思います。

写真／新関 雅士

特別
対談

おわりに

本書を手に取っていただき、誠にありがとうございます。

「ブランディング」はお金がかかる、投資の割に効果が期待できない、経営に密接な指標で測定できない、そんなブランディングに対する誤解の解消、そして、今すぐにやるべき「ブランディング」は何かが明確になれば幸いです。

繰り返しになりますが、ブランディングは、ビジネスで事業の成長のために行うマーケティング活動の一つにすぎません。であれば、当然ブランディングの成功は、事業成果に反映されるべきです。

「ブランドが強い」「ブランディング投資をした」と話す一方で、売り上げや利益につながらないという事態は本来あってはなりません。

しかしながら、ブランディングの領域は依然として「情緒だ、感情だ、アートだ」、だから「数値化が難しい」、いや「評価したら間違う」として、経営者であっても、疑問を呈することすら遠慮してしまう、聖域的な扱いをされがちです。

経営者にとって、ブランディングが「分からないもの」である一方で、「ブランディング」の支援を依頼するのは、デザイナーやアーティストなどのクリエイターと呼ばれる、経営者や事業主が、日常業務で会わない方々です。そのうちに遠慮が発生し、顧客と商品・サービスの間にどんな価値があるのかの共通理解がないまま進めることで、ブランディングは無駄な投資になるのです。

経営者は、自社の商品・サービスを深く理解し、また、そこに価値を見いだしてくれる顧客を理解し、結果としての、売り上げと利益に責任を負っています。

ですが、「ブランディング」の依頼先であるクリエイターは、いかに優秀であっても、対象としている商品・サービスの何が優れていて、その顧客が何に価値を感じているかを、経営者や事業主ほど、理解できていませんし、理解することもかないません。
経営者やクライアント側の遠慮で、ここが共有されないまま、顧客イメージも商品・サービスの価値も曖昧、結果、目的が曖昧なまま、ブランディングは〝残念な投資〟となるのです。

ですが、本書でも説明してきた通り、ブランディングは決して雲をつかむような話ではありません。

ブランディングはプロダクト（商品・サービス）に価値を見いだしてくれる潜在的な顧客＝対象者（ＷＨＯ）、その価値をつくるために何を便益や独自性として訴求したいか（ＷＨＡＴ）を明確に定めることがスタートです。
それらが定まることで、「新規顧客の想起率を高めて、顧客化を促進する」「既存顧客に伝わりきっていなかった便益を訴求して離反を防ぐ」など、計測可能で具体的な目的が明確になります。

ブランディングを検討するのであれば、経営者を含めて、それを担当するチームの皆さん、そして具体化を担当してくれるクリエイターと、必ず、本書で解説した3つの目的を必ず確認して進めていただければと思います。

目的が明確になれば、その成果を測定する指標も具体的になり、より経営的な目線で投資対効果を判断できるようになります。

もし、期待した結果が見えなくとも、目的があれば施策を振り返り、ブランディング活動の、何が良かったのか、何が悪かったのかを学習し、改善を施すなど、次につなげることが可能です。

それは、とりもなおさず、全てのビジネスの基本である顧客へのより深い理解なのです。どんな商品・サービス、どんな事業、どんな国や地域であっても、その成功も成長は、顧客への深い理解から始まります。ブランディングへの正しい取り組みを通じて、顧客理解がさらに深まり、多くの価値の創出につながればと心から思います。

『ブランド戦略論』（有斐閣）を書かれ、マーケティングの大家であられる田中洋先生に心からの感謝をお伝えしたいと思います。事前に本書の原稿をしっかり読み込んでいただいて、対談テーマをはるかに超えた様々な知見とブランドへの思いを語っていただきました。それが中小企業の実務者向けの新たな章を書いて、本書を再構成する強い動機となりました。

日本の経済を支える中小企業にこそ、効果的なブランディングを実践していただきたいとの強い思いにつながりました。

この本の出版にあたって、ご尽力いただいた日経クロストレンドの中村勇介副編集長に感謝を申し上げます。

もともとは、日経クロストレンドで多くの方に読まれた記事の編集をまとめた本づくりから始まりましたが、それでは、不十分だと感じて、出版時期を大幅に遅らせてでも加筆修正をしたいという要望を快く聞いていただきました。

ギリギリで中小企業向けに再構成するなど、無茶に無茶を重ねながらも、ここまでたどり着けました。「ブランディング」に関して、１冊にまとめきれたのは、中村さんにご担当いただけたからです。本当にありがとうございました。

最後になりますが、筆者は、２０２４年1月にWisdom Evolution Company（ウィズダム・エヴォリューション・カンパニー）という新会社を起業し、「Wisdom-Beta（ウィズダムベータ）」というマーケティングに関する膨大な情報を整理し、実務で活用できる知識を体系化した無償の学習サイトを立ち上げています。

このサイトは、マーケティングに携わる人々が実践に役立つ「知恵」を身に付けることを目指しています。

https://wisdom-evolution.com/

コンテンツは、全て筆者が自分自身の実務経験に照らし合わせて執筆し、その内容に責任を持って、活用できる知識と「知恵」を継続的に発信しています。

この本の「はじめに」で、「ブランディング」や「ブランド」という言葉の付いた概念（エモーショナル・ブランディング、ブランディング、ブランドエクイティなど）は、158種類が確認（2024年10月時点）でき、全てを筆者自身が確認したと紹介しました。

その158種類の概念を8つに分類し、このWisdom-Betaで順次公開をしますので、本書をお読みいただいた後の知識強化のために、ご参照いただければと思います。8つの分類とそれぞれに属する概念の例をいくつか紹介します。

（1）ブランドの種類や範囲に関連（例：グローバルブランド、コーポレートブランド

（2）ブランディング手法に関連（例：エモーショナルブランディング、エンプロイーブラ

ンディング）

（3）ブランドの要素やアイデンティティに関連（例：ブランドアイコン、ブランドアイデンティティー）

（4）ブランドの管理、戦略、パフォーマンスに関連（例：ブランドストラテジー、ブランドマネジメント）

（5）ブランドの顧客関係やポジショニングに関連（例：ブランドアンバサダー、ブランドエクスペリエンス）

（6）ブランドの一貫性や継続性に関連（例：ブランドコンシステンシー、ブランドガイドライン）

（7）ブランドの成長や評価に関連（例：ブランドエクイティ、ブランドリコグニション）

（8）ブランドの基盤や本質に関連（例：ブランド、ブランドイメージ）

読者の皆さん、ここまで読んでいただいてありがとうございます。

本書やWisdom-Betaのコンテンツをお読みいただいて、世の中に末永く顧客に愛されるブランドが一つでも増えれば、これ以上の幸せはありません。

2024年11月23日

Wisdom Evolution Company

代表　西口一希

おわりに

著者略歴

西口一希（にしぐち・かずき）

Strategy Partners および Wisdom Evolution Company 代表取締役社長

大阪大学経済学部卒業。プロクター・アンド・ギャンブル（P&G）ブランドマネジャー、マーケティングディレクター。ロート製薬執行役員マーケティング本部長を経て、ロクシタン代表取締役社長 グローバルエグゼクティブメンバー社外取締役戦略顧問。スマートニュース執行役員マーケティング担当（日本・米国）。2020年に日本と米国で特許取得した「9segs分析サービス」を提供するM-Force社を創業し、24年にマクロミル社に売却、マクロミル社の戦略アドバイザーに就任。24年12月現在、Strategy PartnersおよびWisdom Evolution Company代表取締役社長。

著書『マーケティングを学んだけれど、どう使えばいいかわからない人へ』（日本実業出版社）、『たった一人の分析から事業は成長する 実践顧客起点マーケティング』（翔泳社）、『企業の「成長の壁」を突破する改革　顧客起点の経営』（日経BP）、『マンガでわかる　新しいマーケティング』（池田書店）、『ビジネスの結果が変わるN1分析　実在する1人の顧客の徹底理解から新しい価値を創造する』（日本実業出版社）

日経クロストレンド

「マーケティングがわかる　消費が見える」を編集コンセプトとするオンラインビジネスメディア。顧客相手のビジネスを展開している限り、携わるすべての人が「マーケター」です。顧客に寄り添い、課題を解決するヒントを探るべく、日経クロストレンドでは、マーケターのためのデジタル戦略、顧客分析、未来予測など、多彩なテーマの記事を平日毎日お届けします。また、第一線で活躍するマーケターを招いた各種セミナーイベントも定期的に開催。あらゆるマーケティング活動やイノベーション活動を支援します。
https://xtrend.nikkei.com/

ブランディングの誤解

2024年12月16日　第1版第1刷発行
2024年12月27日　第1版第2刷発行

著　者　西口一希
発行者　佐藤央明
発　行　株式会社日経BP
発　売　株式会社日経BPマーケティング
〒105-8308　東京都港区虎ノ門4-3-12
編　集　中村勇介（日経クロストレンド）
装　丁　小口翔平+畑中 茜（tobufune）
制　作　關根和彦（QuomodoDESIGN）
印刷・製本　大日本印刷株式会社

ISBN　978-4-296-20548-6
Printed in Japan